# VON DER DUNKELHEIT INS LICHT

WIE ICH DIE POSITIVE SEITE VON AUTISMUS ENTDECKT HABE

CALLUM L GAMBLE

VORWORT VON
ROB POTTS

Erstveröffentlichung durch KreativeInc Agency Ltd. 2023 Erste Ausgabe

Copyright © 2023 von Callum L Gamble

Alle Rechte vorbehalten. Kein Teil dieser Veröffentlichung darf ohne schriftliche Genehmigung des Herausgebers in irgendeiner Form oder mit irgendwelchen Mitteln, sei es elektronisch, mechanisch, durch Fotokopieren, Aufzeichnen, Scannen oder auf andere Weise, reproduziert, gespeichert oder übertragen werden. Es ist illegal, dieses Buch ohne Genehmigung zu kopieren, auf einer Website zu veröffentlichen oder auf andere Weise zu verbreiten.

Callum L Gamble und Kreativeinc Agency übernehmen keine Verantwortung für die Beständigkeit oder Genauigkeit von URLs für externe oder Drittanbieter-Internet-Websites, auf die in dieser Veröffentlichung verwiesen wird, und übernehmen keine Garantie dafür, dass Inhalte auf solchen Websites korrekt oder angemessen sind oder bleiben.

Alle in dieser Veröffentlichung geäußerten Meinungen sind die der Mitwirkenden. Sie übernehmen keine Verantwortung für etwaige Fehler oder Auslassungen.

Bezeichnungen, die Unternehmen zur Unterscheidung ihrer Produkte verwenden, werden häufig als Marken beansprucht. Alle in diesem Buch verwendeten Markennamen und Produktnamen sind Handelsnamen, Dienstleistungsmarken, Warenzeichen und eingetragene Warenzeichen ihrer jeweiligen Eigentümer. Der Verlag und das Buch stehen in keiner Verbindung zu den in diesem Buch erwähnten Produkten oder Anbietern. Keines der im Buch genannten Unternehmen hat das Buch empfohlen.

Cover Design von Callum L Gamble

Herausgegeben und formatiert von Caren Launus-Gamble

Epigraf-Illustration von Caren Launus-Gamble

Aus dem Englischen ins Deutsche übersetzt von Caren Launus-Gamble

ISBN: 978-1-7393568-3-5

# INHALT

| | |
|---|---|
| Widmung | vii |
| Epigraf | ix |
| Vorwort | xi |
| Einführung | xvii |
| 1. WIE AUTISMUS MEIN LEBEN BEEINFLUSST HAT | 1 |
| Die Vorteile meines Autismus | 5 |
| Die Herausforderungen meines Autismus | 9 |
| 2. MEINE DIAGNOSE UND DIE UNTERSTÜTZUNG, DIE ICH BEKAM | 17 |
| Kriterien zur Diagnostischen Bewertung von Autismus | 20 |
| Unterstützungsmaßnahmen | 26 |
| 3. KINDHEITSERLEBNISSE | 33 |
| Nan und Pops | 34 |
| Grundschulzeit | 36 |
| Meine Eltern | 38 |
| Meine Schwester | 40 |
| Omi und Opi | 40 |
| Meine Haustiere | 41 |
| 4. FACHINTERESSEN UND GESPRÄCHE | 44 |
| Gespräche | 44 |
| Fachinteressen | 46 |
| 5. DIE RICHTIGE SCHULE AUSWÄHLEN | 55 |
| Die Geschichte der Schule | 56 |
| Das Old-School Gefühl | 58 |
| Das Gemeinschaftsgefühl | 59 |
| Ausgezeichnete Lernunterstützung | 60 |

| | |
|---|---:|
| Sportunterricht | 61 |
| Andere Erfahrungen | 61 |
| **6. MEINEN TRÄUMEN FOLGEN** | **66** |
| Arbeitserfahrung in einem Formel-1-Team | 67 |
| Berufserfahrung in einer Medienagentur | 72 |
| Silverstone Besuch | 73 |
| Könnte ich ein Formel-1-Fahrer werden? | 74 |
| **7. SCHULPRÜFUNGEN** | **77** |
| Meine GCSEs | 77 |
| Meine A-Levels (Abitur) | 80 |
| **8. MEINEN AUTISMUS AKZEPTIEREN** | **86** |
| Interne Faktoren | 88 |
| Externe Faktoren | 91 |
| Mein Geistiges Wohlbefinden in den Griff bekommen | 92 |
| **9. ERWACHSEN WERDEN** | **95** |
| Mein Achtzehnter Geburtstag | 95 |
| Fahren Lernen | 97 |
| Autofahren | 98 |
| Erste Erlebnisse mit Alkohol | 101 |
| **10. DATING UND BEZIEHUNGEN** | **104** |
| Schulschwärme | 105 |
| Erster Kuss | 106 |
| Erste Beziehung | 107 |
| Einer Frau sagen, dass ich sie mochte, obwohl das gar nicht stimmte | 108 |
| Meine Online-Dating Phase | 109 |
| Dating Herausforderungen | 110 |
| **11. DIE HERAUSFORDERUNGEN VON VERÄNDERUNGEN** | **113** |
| Wo haben meine Schwierigkeiten begonnen? | 114 |
| Das T-Wort – Transition | 116 |
| Was ein Übergang für mich bedeutete | 117 |

| 12. GUTE ÜBERGÄNGE | 120 |
|---|---|
| An der Universität | 120 |
| Mein Praktikumsjahr | 126 |
| Eine Zusammenfassung dessen, was gut gelaufen ist | 130 |
| Meine Erfolgsgeschichten nach guten Übergängen | 132 |
| 13. SCHLECHTE ÜBERGÄNGE | 136 |
| Mein erster Job nach meinem Universitätsabschluss | 136 |
| Eine Zusammenfassung dessen, was falsch gelaufen ist | 142 |
| Meine Fehler | 146 |
| 14. SICH AUS DER ASCHE ERHEBEN | 149 |
| Ein Unternehmen gründen | 150 |
| Kostenlose Workshops für Arbeitgeber | 152 |
| Networking-Veranstaltungen | 153 |
| Berichterstattung in den Medien | 154 |
| Vorträge über Autismus | 155 |
| 15. DIE PANDEMIE | 157 |
| Im Anfangsstadium der Pandemie | 157 |
| Im Lockdown | 159 |
| Die Auswirkungen von Covid-19 | 160 |
| 16. FOKUSWECHSEL | 163 |
| Website-Barrierefreiheit | 164 |
| Barrierefreies Website Design, Entwicklung und Beratung | 167 |
| Berichterstattung in der Presse | 168 |
| 17. TRAUERN | 170 |
| Die Trauer um Nan | 171 |
| Die Trauer um Pops | 173 |
| Mit meiner Trauer umgehen | 174 |

## 18. UNABHÄNGIG LEBEN — 176
Einzug in das Haus von Nan und Pops — 176
Die Ersten Monate — 177
Kochen und Einkaufen — 178
Wäsche Waschen — 180
Gartenarbeit und Putzen — 180

## 19. SELBSTENTWICKLUNG — 183
Reduzierung der Arbeitsüberforderung — 184
Verantwortungsübernahme im Unternehmen — 185
Verantwortungsübernahme in meiner Freizeit — 186
Umschulung meines Gehirns — 189
Wie ich mein Gehirn umprogrammiert habe — 192

## 20. INS LICHT — 196
Ein Letztes Wort an Euch Alle — 197
Was habe ich von Übergängen gelernt? — 198
Meine schlechte Berufserfahrung überwinden — 198
Ein Dankeschön an meine Familie — 198
Und zum Schluss auch noch ein Dankeschön an meinen Autismus — 199

Glossar — 201
Danksagung — 209
Über den Autor — 213
Weitere Informationen und Fotos zum Buch — 215
Anmerkungen — 217

Für Nan, Pops, Opi und Jutta – die wunderbaren Menschen, die ich verloren habe.

Jeder ist ein Genie. Aber wenn ihr einen Fisch nach seiner Fähigkeit beurteilt, einen Baum zu besteigen, wird er sein ganzes Leben lang glauben, er sei dumm.

Albert Einstein (N.D.) [1]

# VORWORT

Ich wurde zum ersten Mal auf Callum aufmerksam, als ich an einer kleinen Privatschule in Leeds unterrichtete. Er war nicht in meiner Klasse, aber ich begegnete ihm oft auf dem Flur und unterrichtete ihn gelegentlich während des Vertretungsunterrichts, wenn sein regulärer Lehrer abwesend war. Mein erster Eindruck war der eines ruhigen, gewissenhaften, leicht nervösen Legasthenikers, der nicht von der Schulter seines Lehrassistenten zu streunen wagte.

Als ich dann in der Oberstufe begann, ihn zu unterrichten, wurde mir plötzlich eine weitaus komplexere Geschichte bewusst. Erstens war er kein Legastheniker. Dies war lediglich eine Fiktion, die Callum behauptet hatte, um die Anwesenheit seines Lehrassistenten zu erklären und – was noch wichtiger war – um sich anzupassen. Die Schule, die Callum besuchte, war von CReSTeD (dem Rat für die Registrierung von Schulen, die Legastheniker unterrichten) akkreditiert, also war sie wie ein Magnet für Legastheniker. Legastheniker waren also nichts Besonderes, ebenso wie die aufmerksame

Anwesenheit eines Lehrassistenten. Es war die Norm. Aber Autismus war anders.

Wir haben in den vergangenen Jahren einen kulturellen Wandel erlebt, wenn es um Neurodiversität geht. Zum einen sind wir viel besser informiert und haben dankenswerterweise die stereotype Darstellung von Autismus hinter uns gelassen, die oft in Filmen und im Fernsehen verbreitet war. Zweitens haben wir das Auftauchen einer Vielzahl öffentlicher Persönlichkeiten erlebt, die gerne offen über ihre Neurodiversität sprechen, die Öffentlichkeit aufklären und somit Mythen und Missverständnisse aufräumen. Plötzlich ist Autismus nicht mehr etwas, das man verbergen oder maskieren muss, es ist einfach eine andere Art, die Welt um uns herum zu verarbeiten und ist weitaus häufiger als bisher angenommen.

Als Callum sich mit dem ohnehin schon schwindelerregenden Übergang von der Jugend zum Erwachsenenalter beschäftigte, war unser Verständnis von Autismus weitaus weniger aufgeklärt. Also behielt er den Vorwand bei und suchte die Anonymität, ein weiterer Legastheniker in einer Schule voller Legastheniker zu sein.

Von diesem Ausgangspunkt an erfuhr ich schnell noch etwas über Callum: Er war mutig. Nicht furchtlos – wie seine Besorgnis, seinen Autismus zu verbergen, beweist –, sondern wirklich mutig. Ich kann mich noch daran erinnern, wie ich mit Callum über seinen Plan gesprochen habe, sich seinen Freunden gegenüber als Autist zu outen. Das bereitete ihm damals große Sorgen, als ein Schritt ins Ungewisse – würden sie ihn akzeptieren? Würden sie ihn anders behandeln? Wie so oft bei jungen Leuten wurde die Offenbarung mit einem Schulterzucken und einem Schulterklopfen begrüßt, bevor das Gespräch unweigerlich auf etwas anderes überging. Für

Callum war die Offenlegung seines Autismus jedoch ein Sprung ins Ungewisse, der echten Mut erforderte.

Diese Akzeptanz seiner selbst – zusammen mit der Akzeptanz seiner Schulkollegen – war ein Wendepunkt für Callum und von da an wurde ein weiterer Teil der Geschichte in Gang gesetzt.

Das Nächste, was ich über Callum lernte, war seine Widerstandsfähigkeit. Ich kann mich noch gut an sein Gesicht erinnern, als er zum ersten Mal eine Kursarbeit einreichte und erfuhr, dass er nicht die von ihm erhoffte Note erreicht hatte. Auf seinem Gesicht lag ein Ausdruck echter Enttäuschung. Obwohl ich sorgfältig alle Dinge darlegte, die er tun musste, um sich zu verbessern, fragte ich mich, ob ich die Dinge ein wenig beschönigen sollte – vielleicht hätte ich die Note sogar um seines Selbstvertrauens willen nach oben schieben sollen. Was als Nächstes geschah, gab mir jedoch einen Eindruck davon, was für ein bemerkenswerter junger Mensch Callum ist.

Am nächsten Tag erschien er mit derselben Arbeit und bat mich, sie noch einmal zu korrigieren, wobei seine Augen mich fast anflehten, die Note zu vergeben, auf die er gehofft hatte. Ich sollte Callum erst später in dieser Woche unterrichten, aber als er so vor mir stand und mich mit seinen flehenden Augen ansah, holte ich meinen Rotstift heraus und begann zu markieren. Zwei Dinge wurden mir schnell klar: Erstens hatte er immer noch nicht ganz die erhoffte Note erreicht. Zweitens konnte ich jedoch erkennen, dass er jede Silbe des konstruktiven Feedbacks wörtlich aufgenommen und dann methodisch darauf reagiert hatte. In diesem Moment beschloss ich, ein Risiko einzugehen. Anstatt ihm zu sagen, was er hören wollte, war ich ehrlich: „Das ist viel besser und du hast hervorragend auf das Feedback reagiert, aber wenn du die Zielnote wirklich erreichen willst, musst du dies und das noch machen ..." Er schaute mich an – wieder mit offensichtlicher Enttäuschung – dann nahm er die Arbeit zurück und verschwand, um den Vorgang zu wiederholen. Von diesem Moment an wurde dies zu einem Muster in unserer Lehrer-Schüler-Beziehung: Callum reichte eine Aufgabe ein, ich gab ehrliches und direktes Feedback und dann arbeitete er unermüdlich weiter, bis er seine optimale Note erreicht hatte.

Es ist heutzutage eher abgedroschen, Autismus als eine Art Superpower zu beschreiben – manche würden es sogar als beleidigend ansehen - aber im Fall von Callum fällt mir keine bessere Beschreibung ein.

Ich habe noch nie zuvor oder seitdem einen Studenten getroffen, der so gut in der Lage war, konstruktives Feedback aufzunehmen und es dann mit solch einer strukturierten Entschlossenheit umzusetzen. Das ist eine bemerkenswerte Eigenschaft und hat maßgeblich dazu beigetragen, dass Callum in seinem Abitur herausragende Ergebnisse erzielte.

Trotz dieser unglaublichen persönlichen Qualitäten wurde mir auch klar, dass „Team Callum" alles andere als ein Solo-Unterfangen war. Seine Mutter, Caren, ist eine Naturgewalt – ich bezeichne sie als „Tiger-Mama". Im Angesicht eines Bildungssystems, das oft seine Funktion nur mit Schwierigkeit erfüllt – insbesondere für diejenigen mit besonderen pädagogischen Bedürfnissen – hat sie jahrelang an unzählige Türen geklopft. Sie weigert sich, ein „Nein" als Antwort zu akzeptieren, wenn es um die Sicherstellung der Erfüllung von Callums Bedürfnissen geht. Sie ist eine Kämpferin und selbst ein inspirierender Charakter. Papa Jeremy ist wieder ganz anders – das Yin zu Carens Yang –, und während der gesamten Zeit, in der ich Callum unterrichtete, eine stetige, ruhige, konstante und unterstützende Figur. Und dann ist da noch seine Schwester Meghan. Wie ich es mit meinem eigenen Sohn sehe, kann es schwierig sein, „das andere Kind" zu sein, wenn ein Bruder oder eine Schwester zusätzliche Unterstützung braucht, aber Meghan nahm dies gelassen hin. Sie meisterte bedächtig die Höhen und Tiefen ihrer eigenen Jugend und war stets stolz auf ihren großen Bruder und immer für ihn da.

Es war eine von Carens Interventionen, die meine Bindung zu Callum stärkte. Sie hatte mit dem Koordinator für sonderpädagogische Bedürfnisse an unserer Schule über die Angst gesprochen, die Callum verspürte, als er sich darauf vorbereitete, die schützende Umgebung der Schule gegen das Neuland des Universitätslebens einzutauschen. Zur Vorbereitung hatte sie um wöchentliche Mentoring-Sitzungen für Callum gebeten. Natürlich war meine Kollegin nicht sicher, wie sie damit umgehen sollte, da ihr Team bereits überlastet war, also bot ich meine Dienste freiwillig an. Es war eine Entscheidung, die ich nie bereut habe.

Jeden Donnerstag trafen wir uns eine Stunde lang und Callum kam jedes Mal mit einem neuen Rätsel bewaffnet an. Wie soll ich mit Scherzen umgehen? Was ist, wenn meine Mitbewohner unordentlich sind? Wie finde ich eine Freundin? Bei dieser letzten Frage musste ich gestehen, dass ich vielleicht nicht der Qualifizierteste bin, um Rat zu geben.

Ich würde gern annehmen, dass diese wöchentlichen Sitzungen Callum geholfen haben, aber für mich waren sie unbezahlbar. Als ich versuchte, ihn durch die unzähligen Rätsel des Lebens zu führen, begann ich zu verstehen, wie sich ein Leben mit Autismus tatsächlich anfühlen kann. Insbesondere wurde mir klar, wie überwältigend einige der alltäglichen Interaktionen sein können, die die meisten von uns für selbstverständlich halten. Es hat mir als Lehrer auf jeden Fall geholfen, und als bei meinem eigenen Kind später Autismus diagnostiziert wurde, hat es auch mir als Vater geholfen.

Als wir (verspätet) die Bestätigung der Diagnose unseres eigenen Kindes erhielten, fühlte ich mich durch die Zeit, in der ich mit Callum zusammenarbeitete, nicht nur besser gerüstet, die Situation war auch weniger beängstigend. Wenn Callum eine Schwierigkeit in eine Stärke verwandeln konnte, warum sollte unser Kind das nicht auch können?

Callum ist viel zu bescheiden zu erkennen, dass er ein Held ist. Sein Weg vom ängstlichen Schüler zum Universitätsabsolventen, Unternehmer und Verfechter der Neurodiversität ist geradezu inspirierend. Er ist ein Vorbild für alle jungen Menschen – nicht nur für diejenigen mit Autismus – weil er zeigt, was erreicht werden kann, wenn man seine Schwierigkeiten als neue Herausforderungen und nicht als unüberwindbare Hindernisse betrachtet.

Ich war immer stolz auf Callum, auf seine Unermüdlichkeit und alles, was er erreicht hat, und ich hoffe, dass dieses Buch andere dazu anspornt, seinem Windschatten zu folgen.

Rob Potts, Autor „The Caring Teacher – How to make a positive difference in the classroom" (Wie man im Klassenzimmer einen positiven Unterschied macht)

# EINFÜHRUNG

Ich hatte die Nase gestrichen voll – von meinen Frustrationen, ewiger Versagensangst und selbst auferlegter Einsamkeit. Meine Verbitterung über meinen Autismus und meine Andersartigkeit hatten mich zur Grenze meiner Belastbarkeit gebracht. Ich beschloss, alles, was mir auf der Seele lag, niederzuschreiben.

Die Geschichte, die ich euch in diesem Buch erzähle, ist offenherzig und ehrlich. Ich spreche mit euch über mein Familienleben, meine Freundschaften, Dating Erfahrungen, Herausforderungen und Erfolge in der Schule und Universität, berufliche Desaster und meinen Weg ein Unternehmensinhaber zu werden. Ihr werdet miterleben, wie meine Selbstbeobachtungen mich zum Nachdenken zwingen, über das, was mir passiert ist und welche Rolle ich eigentlich dabei gespielt habe, und wie genau das dazu führt, meine Denkweise zu ändern und zu verbessern. Nach jedem Kapitel findet ihr auch dann hilfreiche Tipps. Ich möchte euch dazu anregen, einen ähnlichen Weg anzutreten oder euch wenigstens zum Nachdenken anspornen.

Ich habe schon manche einzigartigen Erlebnisse in meinem Leben gehabt, wie ein Praktikum bei einem Formel-1-Team, als ich 15 war, und den Versuch, Rennfahrer zu werden (ebenfalls mit 15) oder meine unzähligen erfolglosen und ungemütlichen Dating Situationen sowie meine Lapdance-Club Erfahrung an meinem achtzehnten Geburtstag.

Ich nehme euch mit auf eine Reise, die mich zu der Erkenntnis führt, dass Andersartigkeit nicht nur Dunkelheit bedeutet.

Wir werden im Leben immer auf schmerzhafte Hindernisse stoßen, aber ich glaube jetzt, dass das Leben nicht so interessant wäre, wenn wir keine Probleme hätten. Wir können diese nicht *trotz*, sondern *weil* wir anders sind, erfolgreich bewältigen.

Der Gedanke, dass ich euch ermutigen kann, über eure Erfolge und Unzulänglichkeiten nachzudenken, und euch damit zu helfen, eure Umstände zu verbessern, macht mich glücklich. Und, ich hoffe zudem, dass meine Geschichte dazu beiträgt, negative Vorstellungen über Autismus in positive umzuwandeln.

Bevor ihr mit dem Lesen beginnt, muss ich betonen, dass Autismus ein Spektrum ist und jeder autistische Mensch anders ist. Das bedeutet, dass einige autistische Menschen wenig oder gar keine Unterstützung benötigen, während andere möglicherweise täglich viel Hilfe brauchen. Ich wurde mit Aspergers (oder Asperger-Syndrom) diagnostiziert, ein Begriff, der hochfunktionale autistische Menschen beschreibt.

Alles, was ihr in diesem Buch lest, ist meine persönliche Meinung, also verallgemeinert es bitte nicht und seid nicht beleidigt, wenn ihr anderer Meinung seid. Dies gilt auch für die hilfreichen Tipps und die Terminologie, die ich im gesamten Buch verwende.

Also lasst uns loslegen!

## KAPITEL 1
# WIE AUTISMUS MEIN LEBEN BEEINFLUSST HAT

Als Autist kann ich mein Leben mit den Höhen und Tiefen einer endlosen Berg-und-Talfahrt vergleichen. Auf den Gipfeln habe ich einen einzigartigen Blick über die Welt, eine Perspektive, die mir in meinem Arbeitsleben zugutekommt. In den tiefen Tälern werde ich oft missverstanden, insbesondere im gesellschaftlichen Umfeld, da Autismus immer noch entweder als Rätsel oder als Problem betrachtet wird. Diese Fahrt fühlt sich für mich so an wie eine Achterbahnfahrt im Dunkeln, wo ich nur gelegentlich „Lichtblitze" zu sehen bekomme.

Millionen andere autistische Menschen können das sicher nachvollziehen, da sie sehr ähnliche emotionale Höhen und Tiefen erleben. Es ist traurig und unfair, dass wir alle mit dem gleichen Etikett versehen werden, da wir alle sehr unterschiedliche Persönlichkeiten, Fähigkeiten und Ambitionen haben.

„Wenn Sie eine Person mit Autismus getroffen haben, haben Sie eine Person mit Autismus getroffen."

Dr. Stephen Shore (2018) [1]

---

Ein Autist kann z. B. ein Computerprogrammierer sein, der in Sekundenschnelle ein Codierungsproblem löst, das anderen Menschen tagelanges Kopfzerbrechen bereitet. Ein anderer könnte ein Buchhalter sein, der gerne mit Zahlen arbeitet und seinen Kunden einen hervorragenden Service bietet. Autisten können Autoren oder Künstler sein, deren Werke fraglos neben berühmten Meisterwerken stehen könnten. Es wird autistische Architekten geben, die im Bau neuer Häuser ihre Erfüllung finden und davon träumen, eines Tages ein architektonisches Meisterwerk zu schaffen. Ich könnte endlose Beispiele aufzählen, die Anzahl autistischer Fähigkeiten und Ambitionen ist grenzenlos, und oft ist es unbekannt, dass die betroffenen Menschen Autisten sind.

Wenn ihr in einer geschäftigen Innenstadt spazieren geht, würdet ihr euch wahrscheinlich keine Gedanken darüber machen, ob die Menschen um euch herum autistisch sind oder nicht. Sie erscheinen und verhalten sich ‚normal'.

Ich riskiere jetzt die folgende Behauptung, dass viele dieser Menschen um euch herum tatsächlich Autisten sein könnten. Die Weltgesundheitsorganisation (WHO) berichtete im Jahr 2022, dass allein im Vereinigten Königreich ein Kind von 100 von Autismus betroffen ist.[2] Dabei ist die zunehmende Zahl nicht diagnostizierter Erwachsener, die sich ihr ganzes Leben lang als Außenseiter gefühlt haben, nicht berücksichtigt. Im Vereinigten Königreich sprechen immer mehr Prominente offen über ihre späte Diagnose. Die TV-Persönlichkeiten, Christine McGuinness, Melanie Sykes und Chris Packham[3], sind Vorbilder, und man würde sie nie als abnormale Menschen bezeichnen. Mein Punkt ist, dass es weitaus mehr Autisten unter uns gibt, als wir denken, und ein Normal oder Unnormal ist überholt. Wir sind kompetente Individuen, und unser Autismus definiert uns nicht.

Ich hatte das negative Stigma rund um Autismus satt. Es machte es mir schwer, mich selbst zu akzeptieren, und stattdessen fing ich an, mich immer mehr gegen meinen Autismus zu wehren. Ich habe mein Leben lang so sehr danach gestrebt, als normal angesehen zu werden, was völlig sinnlos war, da ich mich trotzdem ausgeschlossen und in vielen Situationen wie im Dunkeln tappend gefühlt habe. Als ich endlich davon losließ, konnte ich mit meiner Transformation beginnen. Ich wollte herausfinden, ob es für mich eine positive Seite von Autismus gibt und mich von seiner negativen Macht über mich befreien – ich wollte mich von der Dunkelheit ins Licht begeben.

Lasst uns also mit der Beantwortung der grundlegenden Frage: „Was ist Autismus?", beginnen. Es kann gut sein, dass ihr noch nie von den Begriffen neurodivergent und neurotypisch gehört habt. Neurodivergent bezieht sich auf Menschen mit unterschiedlicher ‚Gehirnverkabelung', wie Autismus, Legasthenie, ADHS usw., während sich neurotypisch auf Menschen mit gewöhnlicher ‚Gehirnverkabelung' bezieht. Wir leben derzeit in einer Welt, in der wir uns an neurotypische oder allgemeine Denkweisen im gesellschaftlichen Umfeld anpassen müssen, um allgemein akzeptiert und respektiert zu werden. Um euch verständlich zu machen, was ich meine, verwende ich gerne die Analogie von Betriebssystemen für verschiedene Computer. Neurotypische Menschen funktionieren wie ein Windows- oder Apple-Betriebssystem (die Computer, mit denen die meisten Haushalte vertraut sind). Im Gegensatz dazu funktionieren neurodivergente Menschen (insbesondere autistische Menschen) wie individuell programmierte Systeme, die nur für wenige einen Sinn ergeben. Das autistische Gehirn funktioniert einfach anders. Ich möchte hier betonen, dass weder das neurotypische noch das autistische Gehirn überlegen ist. Es ist ausschlaggebend, dass wir akzeptieren, was für jedes Gehirn am besten funktioniert. Leider ist die allgemeine Ansicht, dass Autismus eher problematisch als vorteilhaft ist.

Eine hervorragende Perspektive, dieser Sichtweise entgegenzuwirken, besteht darin, es sich umgekehrt vorzustellen, wobei wir uns alle an die autistische Denkweise anpassen müssten. Auch wenn neurotypische Menschen durchaus fähig wären, würden wir sie als behindert ansehen, nur weil sie anders denken als die autistische Norm. Mein Punkt ist, dass viele der Barrieren, mit denen Autisten täglich konfrontiert sind, beseitigt werden könnten, wenn wir aufhören würden, diesen engen gesellschaftlichen Konventionen zu folgen. Wir müssen eine neue, inklusivere Perspektive annehmen, in der wir alle Denkweisen akzeptieren. Deshalb ist es unter anderem meine Absicht, mit diesem Buch die dumpfen Missverständnisse zu beseitigen, die derzeit autistische Menschen belasten und ihnen oft die Führung eines glücklichen und erfolgreichen Lebens verwehren. Ich möchte gern, dass ihr eine ausgewogenere Sichtweise und eine offenere Perspektive über die Gepflogenheiten in unserer Gesellschaft bekommt. Um dies zu erreichen, zeige ich euch im Detail einige der Vorteile und Probleme, die autistische Menschen haben können. Da diese auf meiner eigenen Erfahrung basieren, denkt bitte daran, dass es sich lediglich um eine kleine Auswahl von Beispielen handelt. Autismus umfasst ein breites Spektrum an Fähigkeiten, Verhaltensweisen und der Gehirnverkabelung.

## DIE VORTEILE MEINES AUTISMUS

Ich beginne mit der Auflistung der drei wichtigsten Vorteile, die ich durch meinen Autismus habe:

### Abrufen von Details zu bestimmten Ereignissen und Themen

Viele autistische Menschen können sich außergewöhnlich gut an Zeiten und Daten bestimmter Ereignisse im Kontext ihres Lebens oder ihren Hobbys erinnern. Wenn sie etwas Interessantes finden, recherchieren sie es bis ins kleinste Detail, um alles darüber zu erfahren. Sie saugen die Fakten und das Wissen wie ein Schwamm auf und werden oft zu Experten auf diesem Gebiet.

In meinem Fall ist der Formel-1-Motorsport mein Hauptinteresse. Dies begann schon als Kleinkind, als ich in der Ferrari-Ära von Michael Schumacher mit meinem Vater Rennen im Fernsehen sah. Das Scharlachrot der Ferraris und die Renn-Action haben mich sofort in ihren Bann gezogen. Für mich ist es bis heute beruhigend, den Rennwagen zuzusehen und zuzuhören, wie sie um die Rennstrecken rasen. Als Kind und Jugendlicher, habe ich jedes Rennen verfolgt und Enzyklopädien über den Sport gekauft, um die Fakten zu recherchieren und beizubehalten. Das Ergebnis war, dass ich letztendlich alle Formel-1-Weltmeister von den Anfängen des Sports bis zum heutigen Tag mühelos in Erinnerung rufen kann. Ich habe die Leute in meinem Stamm-Pub (wenn das Gespräch Anlass dazu gab) oft zum Staunen gebracht, als sie mich prüfen wollten, wie viel ich über die Weltmeister aus verschiedenen Jahren weiß. Ich habe die richtigen Antworten immer blitzschnell parat.

## Ehrlichkeit, Zuverlässigkeit und Pünktlichkeit

Viele Autisten legen Wert auf Ehrlichkeit, Zuverlässigkeit und Pünktlichkeit. Sie bevorzugen eine direktere und wortwörtliche Kommunikation, um Beziehungen aufzubauen, und sind eher bereit, ihre Versprechen einzuhalten. Das kann sich auf die Organisation eines Geschäftstreffens, eines lockeren Treffens mit Freunden oder eines Dates beziehen. Ich habe oft festgestellt, dass neurotypische Menschen die indirekte Kommunikation bevorzugen. Sie führen oft Small Talk, drücken sich körpersprachlich aus und machen leere Versprechungen. Es ist üblich, dass unverbindliche Versprechen die eigentliche Bedeutung haben, höflich „Nein" zu sagen, ohne den anderen zu beleidigen.

Neurotypische Menschen gehen auch oft fälschlicherweise davon aus, dass autistische Menschen kein Einfühlungsvermögen haben, weil sie non-verbale Kommunikation nicht sofort verstehen und möglicherweise nicht darauf reagieren. Die Wahrheit ist, dass viele Autisten mit der Mehrdeutigkeit dieser Kommunikationsart zu kämpfen haben. Sie würden immer versuchen, so direkt wie möglich zu sein, um die Frustration, Verwirrung und sogar Traurigkeit zu vermeiden, die aus Unklarheiten und gebrochenen Versprechen entstehen können. Ich lebe zum Beispiel nach dem Zitat von Atticus Finch in Harper Lees Roman *To Kill A Mockingbird* (auf Deutsch – Wer die

Nachtigall stört): „Man versteht einen Menschen nie wirklich, bis man die Dinge aus seiner Sicht betrachtet ... bis man in seine Haut schlüpft und darin herumläuft." [1] Feingefühl bedeutet für viele autistische Menschen, dass wir ehrlich, zuverlässig und pünktlich sind und dafür sorgen, dass andere Menschen uns verstehen. Wir behandeln Menschen so, wie wir von ihnen behandelt werden möchten.

Es ist für mich undenkbar, nicht ehrlich, zuverlässig und pünktlich zu sein. Um auf den Punkt der Feinfühligkeit zurückzukommen: Ich würde es hassen, jemanden im Stich zu lassen, wenn ich genau weiß, wie mir ein solches Verhalten wehtun würde. Außerdem kann ich nicht lügen. Wenn ich versuche zu lügen, erscheint ein breites Grinsen auf meinem Gesicht, das die Lüge sofort verrät. Ich habe Ant Middletons Buch *Mental Fitness* gelesen, in dem er darüber spricht, wie Lügen schwerwiegende Folgen haben können, und ich bin froh, dass ich keine andere Wahl habe, als ehrlich zu sein. Ich bin ein Mann, der zu seinem Wort steht, und es widerspricht meinen Grundsätzen, nicht zuverlässig oder pünktlich zu sein. Das Gegenteil würde nur dazu führen, dass ich die Orientierung und mein Selbstwertgefühl verliere. Ihr könnt euch immer darauf verlassen, dass ich eine vertrauenswürdige Person bin, die jeden gleichwertig und ehrlich behandelt.

## Strukturierte Denkweise und ausgebildeter Orientierungssinn

Autistische Menschen haben oft eine sehr strukturierte Denkweise. Dies ist wie ein Kompass für sie, den sie brauchen, um sich in der neurotypischen, oft verwirrenden Welt zurechtzufinden. Sie machen gerne detaillierte Pläne, um ihre Wünsche erfüllen zu können und ein sicheres und zufriedenstellendes Gefühl der Orientierung zu erlangen.

Herausforderungen werden oft mit einer frischen Perspektive angegangen. Aufgrund der unterschiedlichen Verkabelung des autistischen Gehirns haben viele eine unkonventionelle Denkweise. Außerdem eliminiert gute Planung auch die Angst vor dem Unbekannten. Dieser Sinn für Struktur und Orientierung kann autistische Menschen zu großartigen Mitarbeitern machen. Solange ihre Arbeitgeber keine unrealistischen Erwartungen haben und bereit sind, einige Anpassungen für Andersdenkende vorzunehmen, werden autistische Menschen hervorragende Leistungen erbringen können.

Ich lebe mit einer strukturierten Denkweise. Jeden Abend, bevor ich schlafen gehe, plane ich den nächsten Tag, indem ich Aufgaben und den genauen Zeitpunkt, zu dem ich sie erledigen muss, in meinen Kalender eintrage. Ich habe die volle Kontrolle über meinen Zeitplan, arbeite an realistischen Fristen und trage meine täglichen und monatlichen Ziele in Tabellen ein. Ich berücksichtige sogar Zeit für unerwartete Ereignisse und Aufgaben, um nicht von ihnen überwältigt zu werden. Es verbessert meinen Orientierungssinn und gibt mir die Gewissheit, dass ich jedes Ziel innerhalb eines bestimmten Zeitrahmens erreichen kann und erfolgreich fertigstellen werde.

Ich vermute, dass die oben genannten drei Vorteile euch beim ersten Lesen wahrscheinlich nicht überzeugen werden, aber schaut euch doch mal das Gesamtbild an. Ob ein Mensch im Leben weit kommt, sollte unabhängig davon sein, ob er Autismus hat. Wie ich bereits sagte, Autismus allein definiert uns nicht. Wenn ihr uns als fähige und talentierte Andersdenker betrachtet, wird es leichter, die in unserer Gesellschaft verankerten Stereotypen zu ignorieren, und dazu beizutragen, eine integrative und verständnisvollere Welt zu schaffen.

Autistische Menschen müssen sich akzeptiert fühlen, um ihr wahres Potenzial auszuschöpfen. Ein *Spaziergang im Park* ist dies aber nicht. Wie ich bereits sagte, möchte ich euch einen ausgewogenen Ansatz geben. Ich weiß, dass es manchmal schwierig sein kann, geeignete Anpassungen vorzunehmen, damit wir uns wohlfühlen. Aber wenn dies richtig durchgeführt wird, können die Vorteile für autistische Menschen und diejenigen, die die Anpassungen vornehmen, enorm einträglich sein.

## DIE HERAUSFORDERUNGEN MEINES AUTISMUS

Ich bin sehr stolz auf die Vorteile, die mein Autismus mir gibt. Ich wünschte, ich könnte das Leid, das er mir zufügt, überspringen, aber es wäre keine faire Darstellung, wenn ich euch nicht erzählen würde, wie sich mein Autismus auf nicht so großartige Weise auf mein Leben ausgewirkt hat. Basierend auf meiner Erfahrung möchte ich hier vier Herausforderungen auflisten, mit denen autistische Menschen konfrontiert sein können. Ich werde konstruktive Kommentare hinzufügen, um zu zeigen, wie einfach es zum Teil sein kann, sinnvolle Anpassungen vorzunehmen.

### Langsamere Wahrnehmungsverarbeitung

Einer der Hauptgründe dafür, dass Autisten länger brauchen, um sich in einer neuen Umgebung oder Situation wohlzufühlen, ist die langsamere Verarbeitung von Informationen. Die moderne

Welt ist schnelllebig und voll von Ansprüchen, wie enge Fristen einzuhalten, komplexe Fragen zeitnah zu beantworten und schnelle Entscheidungen zu treffen. Aufgrund der langsameren Wahrnehmungsverarbeitung haben Autisten in diesen Bereichen oft Schwierigkeiten. Daher ist es für neurotypische Menschen leicht, uns zu unterschätzen und als dumm abzustempeln. Manche autistischen Menschen sind hochsensibel gegenüber den Gefühlen und Gedanken anderer Menschen – und leiden sehr, wenn sie eine Fehleinschätzung spüren. Dies hat verheerende Auswirkungen auf ihr Selbstvertrauen.

Ich habe festgestellt, dass es mir schwerfällt, wenn mir jemand Anweisungen für eine Aufgabe mit einer engen Frist gibt und von mir erwartet, dass ich schnell eine Frage beantworte. Das kann auch schon der Fall bei einfachen Vorkommnissen sein, z. B., wenn jemand mir den Weg beschreibt. Die Leute sprechen zu schnell für meine geistige Verarbeitungsgeschwindigkeit und machen es mir unmöglich, sie sofort zu verstehen.

Oft fehlt ihnen das Bewusstsein oder die Geduld, um zu bedenken, dass manche Menschen, mit oder ohne Autismus, Informationen anders und auf viele unterschiedliche Arten aufnehmen. Es fällt mir sogar manchmal schwer, Wörter aus dem Mund anderer zu sinnvollen Sätzen zusammenzufügen. Es fühlt sich an, als ob ein Strom unzusammenhängender Worte über mir zusammenbricht. Daher bin ich schnell überfordert und stelle möglicherweise viele Fragen, die manche Leute für dumm halten. Ich habe Kopfschütteln oder Facepalms (die Handfläche vor das Gesicht halten als Ausdruck der Fassungslosigkeit) erlebt. Wie zerstörend ist das fürs Selbstbewusstsein?

**Konstruktive Anmerkung**: Geduld ist in dieser Situation die Lösung und gibt uns die Zeit, die Kommunikation zu verarbeiten, insbesondere wenn wir uns an eine neue Umgebung gewöhnen müssen. Es wird sich auszahlen, denn sobald wir wissen, was in einer Situation von uns erwartet wird, werden wir unser Bestes geben.

Die Menschen, die mir geduldig Anweisungen geben und gegebenenfalls auch verschiedene Kommunikationsformen dabei verwenden, haben mir immer geholfen, schnell zu verstehen, was sie von mir erwarteten. Es vermeidet die Frustration, als Idiot abgestempelt zu werden. Beispiele von Kommunikationsformen können Vorführungen, Skizzen, die Erwähnung von Orientierungspunkten, das Niederschreiben von Anweisungen oder gegebenenfalls das Versenden einer SMS sein. Diese Beispiele tragen garantiert dazu bei, dass ich mich in einer neuen Umgebung oder Situation wohlfühlen kann.

## Fehlinterpretationen von non-verbaler Kommunikation

Das Gehirn einer neurotypischen Person kann den Kontext non-verbaler Kommunikation, wie Gesten, instinktiv interpretieren. Viele autistische Menschen können das nicht und brauchen bei der non-verbalen Kommunikation länger, um den Kontext der Mitteilungen zu entschlüsseln. Diese Art von Kommunikation wird oft genutzt, wenn Gesprächsteilnehmer zu weit voneinander entfernt sind. Wenn ich beim ersten Mal nicht verstehe, was mir andere Leute auf diese Art mitteilen wollen, verwenden sie dieselben Ausdrücke oder Gesten noch zwei oder dreimal, bevor sie aufgeben. Da sie mir keine weiteren Hinweise geben, kann ich den Kontext nicht erkennen, egal, wie oft sie dieselbe Geste verwenden. In gesellschaftlichen Situationen kann es für neurotypische Menschen auch üblich sein, non-verbale Kommunikation zu nutzen, um ihre Beziehung zu jemandem zu stärken. Aber ich habe das Gefühl, dass ich den Kontakt zu anderen verliere, wenn sie versuchen, auf diese Weise mit mir zu kommunizieren.

**Konstruktive Anmerkung:** Ich kann Hinweise und Mitteilungen schneller und besser verstehen, wenn meine Gesprächspartner Kommunikationsformen nutzen, die für mich hilfreich sind. Dies könnte etwa das Versenden einer SMS sein, auch wenn dies in der Situation eher außergewöhnlich ist. Versucht bitte, Gesten ohne die Hilfe von anderen Kommunikationsformen zu vermeiden und macht eure Mitteilungen so direkt und anschaulich wie möglich.

## Schwierigkeiten Menschen zu vertrauen

Dieser Punkt schließt sich an den vorherigen Punkt an. Stell dir vor, du unterhältst dich mit jemandem und bist dir über die Äußerungen und Absichten dieser Person nicht sicher. Du würdest ihm oder ihr nicht vertrauen, oder? Viele autistische Menschen werden in dieser Situation nervös, und deshalb ist es schwierig, schnell sinnvolle Beziehungen aufzubauen.

Es ist jedoch nicht unmöglich. Wir können die Muster in der Körpersprache (z. B. bestimmte Gesten) einer Person erkennen, nachdem wir einige Zeit mit ihr verbracht haben.

Um die Möglichkeit zu haben, non-verbale Hinweise zu interpretieren, müssen wir daher die Zeit haben, Menschen kennenzulernen.

**Konstruktive Anmerkung**: Die Menschen, die versuchen, meinen unterschiedlichen Anforderungen an Kommunikation und Interaktion gerecht zu werden, gewinnen mein Vertrauen schnell. Es fällt mir leichter, körpersprachliche Muster zu erkennen, wenn ich Zeit zum Kennenlernen habe und wenn ich das Gefühl habe, willkommen und akzeptiert zu sein.

Leider bemühen sich nicht viele Menschen darum (allerdings nicht bewusst). In gesellschaftlichen Situationen bin ich daher eher nervös und halte es für schwierig, schnell neue Beziehungen aufzubauen. Geduld ist wieder einmal eine gute Lösung, um dies zu erleichtern.

**Exzessive Sorgen, Ängste und Depressionen**

Natürlich stehen viele Menschen vor diesen Herausforderungen, egal ob sie autistisch sind oder nicht. Ihr denkt jetzt vielleicht, dass dies dadurch am einfachsten zu verstehen ist. Das ist nicht der Fall. Studien haben gezeigt, dass manche Menschen mit Autismus viel stärkere und tiefgreifendere Gefühle und Emotionen erleben können als neurotypische (dies bezieht sich auf den Begriff Hochsensibilität, den ich zuvor erwähnt habe). Probleme, die von neurotypischen Menschen als geringfügig empfunden werden, können bei autistischen Menschen schwere Angstanfällen oder anhaltende Depressionen auslösen, wenn sie nicht richtig gehandhabt werden.

Ich bin hochsensibel und verspüre intensivere Emotionen und Gefühle. Das bereitet mir viele Sorgen und erhöht die Anzahl meiner negativen Erfahrungen und der von mir empfundenen Zurückweisungen (ich werde später in diesem Buch konkrete Beispiele nennen) und hat in der Vergangenheit zu einer negativen Lebenseinstellung bei mir geführt. Ich weiß, dass nur ich das ändern kann. Ich arbeite täglich an meiner Selbstentwicklung, um das Leben positiver zu sehen und ruhiger und selbstbewusster zu werden. Das Leben in einer Welt, in der die neurotypische Denkweise vorherrscht, treibt mich dazu, einen Großteil meiner wahren Persönlichkeit zu maskieren und zu verstecken. Ich muss bewusst dagegen ankämpfen, um diese Gewohnheit zu ändern. Ich muss mich wiederholt daran erinnern, ich selbst zu sein.

**Konstruktive Anmerkung**: Ich habe herausgefunden, dass die meisten autistischen Menschen eine Maskierung nutzen, um im Alltag zurechtzukommen. Die Definition von Maskierung liegt darin, dass eine autistische Person ihr natürliches Verhalten durch ein Verhalten ersetzt, das den Erwartungen einer neurotypischen Gesellschaft entspricht. [iii] Wenn man nicht weiß, wie dies zu regulieren ist, können zwei Dinge passieren – Meltdowns und Shutdowns.

Von einem Meltdown (Zusammenbruch) spricht man, wenn eine autistische Person überfordert ist und die Kontrolle über ihre Emotionen und ihr Verhalten verliert. Shutdowns (Abschaltungen) ähneln Meltdowns, mit dem Unterschied, dass die Person überhaupt nicht mehr reagiert. Ich weiß, dass sich dies für einige von euch beunruhigend anhört, aber es gibt ein paar Maßnahmen, um diesen Zuständen vorzubeugen. Diese sind wie folgt:

**Umgebung**: Die Gewährleistung, dass die Beleuchtung, die Temperatur, die Geräusche oder andere Faktoren in einem Raum oder innerhalb einer bestimmten Umgebung akzeptabel sind. Was für eine neurotypische Person belanglos erscheint, kann für jemanden mit Autismus eine große ablenkende Wirkung haben.

**Verständnis**: Die Ermutigung, über Herausforderungen oder innere Kämpfe zu sprechen. Wenn Autisten über ihre Probleme offen sprechen können, dann werden diese Herausforderungen weniger überwältigend. Glücklicherweise war meine Familie mir gegenüber immer sehr offen und ermutigte mich, über meine Herausforderungen und inneren Kämpfe zu sprechen, was meine Meltdowns erheblich reduzierte.

Diese Maßnahmen können viel dazu beitragen, zu verhindern, dass sich eine autistische Person überfordert fühlt. Wenn wir uns wohlfühlen, verringert sich das Risiko übermäßiger Sorgen, Ängste oder Depressionen, die zu Meltdowns und Shutdowns führen.

Hoffentlich haben euch diese Erkenntnisse geholfen, eine bessere Vorstellung davon zu bekommen, was Autismus ist. Ich höre und lese oft, dass Autismus „eine Erkrankung ist, die es für die Person schwierig macht, sinnvolle Beziehungen in ihrem gesellschaftlichen Leben aufzubauen". Es geht jedoch viel tiefer, da dies lediglich eines der Symptome des Autismus ist. Wenn wir uns der Ursachen von Symptomen bewusst sind und versuchen, sie zu verhindern, sind wir auf dem Weg zu einer integrativen Gesellschaft, die das Leben aller bereichern kann.

---

**Wichtiger Hinweis für neurotypische Menschen!**

Unser Autismus definiert uns Autisten nicht. Fragt uns bitte nach unseren persönlichen Herausforderungen, um Lösungen zu finden.

---

## Hilfreiche Tipps aus Kapitel 1

- Achtet darauf, wie autistische und andere neurodivergente Menschen in den Medien und in der Gesellschaft zu Unrecht stereotypisiert werden.
- Versucht, die Vorteile und Herausforderungen, die Autismus täglich mit sich bringt, bewusster und verständnisvoller wahrzunehmen.
- Verwendet die in diesem Kapitel vorgeschlagenen angemessenen Anpassungen, wenn ihr auf eine der beschriebenen Situationen stoßt.

Dieses Kapitel soll als Grundlage für die folgenden Teile dieses Buches dienen, in denen ich euch einen Einblick in die Höhen und Tiefen meines Lebens von der Kindheit bis zum Erwachsenenalter gebe. Die bisher angesprochenen Punkte werden ein wiederkehrendes Thema sein. Wenn also in den folgenden Kapiteln etwas keinen Sinn ergibt, macht eine Pause und greift auf dieses Kapitel zurück oder verwendet das Glossar der Terminologie am Ende des Buches.

Schnallt euch an - die autistische Berg-und-Talfahrt von der Dunkelheit ins Licht geht jetzt los!

## KAPITEL 2
# MEINE DIAGNOSE UND DIE UNTERSTÜTZUNG, DIE ICH BEKAM

Schon als Kleinkind wussten meine Eltern, dass ich anders war. Meine Mutter sagt, dass ich ein sehr glückliches Baby und Kleinkind war. Sie bemerkte jedoch, dass ich meine Umgebung nicht so wahrnahm, wie es hätte sein sollen. Ich habe auch kein Wort gesprochen, bis ich vier Jahre alt war. Ich gab stattdessen Geräusche von Formel-1-Rennwagen von mir und bewegte aufgeregt meine Hände, wenn ich etwas mitteilen wollte.

Es war ein Glücksfall, dass meine Eltern die Zeichen schnell erkannten. Mit drei Jahren wurde bei mir eine wesentliche Kommunikationsstörung und mit acht Jahren Autismus diagnostiziert. Ich kenne einige Leute, die ihre Diagnose erst im mittleren oder späten Teenageralter oder im Alter von 40 und 50 Jahren erhielten, was ihnen viele psychische Probleme bereitete. Viele der Betroffenen sind Frauen. Im Jahr 2022 berichtete Autism.org über die Ergebnisse verschiedener Studien, die darauf hindeuten, dass das Verhältnis von autistischen Männern zu Frauen 3:1 beträgt.[1] Der Grund dafür ist nicht, dass es mehr autistische Männer als Frauen gibt, sondern dass Frauen seltener diagnostiziert werden. Sie können ihre Andersartigkeit besser verbergen als ihre männlichen Gegenstücke. Glücklicherweise sprechen immer mehr autistische Frauen über diese Herausforderungen, und im Vereinigten Königreich gibt es jetzt einige bekannte Fälle. Das ist jedoch ein alleinstehendes Thema für ein weiteres ganzes Buch, und ich wollte es hier nur kurz ansprechen, um euch darauf aufmerksam zu machen.

Unabhängig von Geschlecht, kann die benötigte Zeit, um autistische Merkmale zu erkennen und zu diagnostizieren, erhebliche Auswirkungen auf die psychische Gesundheit einer Person haben. Durch meine frühe Diagnose konnte ich erkennen, warum ich anders denke und mich anders verhalte, was mir bei meiner psychischen Gesundheit zugutekam.

Meine frühe Diagnose trug bei mir auch dazu bei, eine maßgefertigte Ausbildung zu erhalten. Ich hatte Zugang zu der notwendigen Unterstützung und den Anpassungen, die es mir ermöglichten, mein Potenzial während der gesamten Schul- und Universitätszeit auszuschöpfen. Eine frühzeitige Diagnose und das damit verbundene Bewusstsein können es Familien, Freunden, Lehrern und Arbeitgebern ermöglichen, eine andere Denkweise anzunehmen und die Talente, Fähigkeiten und Kompetenzen einer autistischen Person zu entdecken.

Also, wie begann der Prozess meiner Diagnose denn eigentlich? Die Beharrlichkeit meiner Mutter setzte die Sache in Gang. Die Tatsache, dass ich gar nicht versuchte zu sprechen, war ihre Hauptsorge. Als sie wegen ihrer Sorgen einen unserer Ärzte konsultierte, betonte dieser: „Mit Ihrem Sohn ist alles in Ordnung." Meine Mutter ist Deutsche und hat die ersten drei Jahre meines Lebens Deutsch mit mir gesprochen. Der Arzt riet ihr, damit aufzuhören, da er vermutete, dass die Zweisprache der Grund für meine

Sprachentwicklungsverzögerung sei. Es hat lange gedauert, bis ich diesem Arzt verziehen habe, da dies zu einer Sprachbarriere zwischen Familienmitgliedern meiner Mutter und mir geführt hat, die kein Englisch sprechen. Da meine Mutter jedoch mit diesem Rat allein immer noch unzufrieden war, suchte sie andere Ärzte auf, bis sie eine Ärztin fand, die mich für eine pädiatrische Entwicklungsbeurteilung durch einen Spezialisten überwies. Ein Kinderentwicklungsteam untersuchte mich, und ein klinischer Psychologe diagnostizierte dann eine wesentliche Kommunikationsstörung mit Bezug auf Verständnis, Ausdrucksweise und Interaktionen. Während der nächsten sechs Monate wurde ich überwacht, und es zeigte sich, dass mein Gehirn Entwicklungsverzögerungen bei der Verarbeitung interaktiver, fantasievoller und allgemeiner Informationen aufwies.

Wir suchten weiterhin mehrere Kinderärzte auf, darunter auch einen Ergotherapeuten, der mich wegen meiner unkontrollierten Handbewegungen in aufregenden Situationen untersuchte. 2005 wurde ich dann wieder an meinen ursprünglichen Psychologen überwiesen. Nach einem ersten Gespräch mit meinen Eltern, einem Hausbesuch und einem Gespräch mit dem Schulpersonal wurde ich offiziell auf das Asperger-Syndrom (eine Autismus-Spektrum-Zuordnung) untersucht und diagnostiziert. Die Diagnose des Asperger-Syndroms wird seit 2013 nicht mehr verwendet. Stattdessen wurde sie in das Autismus-Spektrum aufgenommen, um klinische Verwirrung zu vermeiden, da es keine deutlichen Grenzen zwischen den Zuordnungen gab.

Aspergers wird jedoch auch heute noch häufig zur Beschreibung einer hochfunktionalen Form von Autismus verwendet. Glücklicherweise habe ich meinen Diagnosebericht aufbewahrt, sodass wir ihn jetzt gemeinsam durchsehen können, um euch einen Eindruck vom Verlauf einer Diagnose zu vermitteln. Anschließend werde ich darlegen, was ich daraus gelernt habe.

## KRITERIEN ZUR DIAGNOSTISCHEN BEWERTUNG VON AUTISMUS

Mein IQ-Wert wurde zuerst getestet und ergab, dass er im üblichen Bereich von 91 bis 101 lag, was bedeutet, dass ich über eine gute allgemeine Intelligenz verfügte. Dass ich sehr langsam mit Bleistift oder Papier arbeitete und mit mir selbst redete, um mit meinen Schwierigkeiten fertig zu werden, hatte nichts mit meiner Intelligenz oder meinen Fähigkeiten zu tun. Mein Psychologe bewertete meine allgemeinen Fähigkeiten als gut und ordnete mich daher als meiner Altersgruppe entsprechend ein.

Ich gebe euch hier nun einen kurzen Überblick über die Beurteilungskriterien, die für meine Diagnose herangezogen wurden. Diese Standards werden auch heute noch für die Autismus-Diagnose verwendet. Mein Psychologe führte Gillbergs Asperger-Syndrom-Diagnosebericht von 1991 durch und ich erfüllte 20 Kriterien in den folgenden sechs Hauptbereichen.

### Nr. 1 – Wechselseitige gesellschaftliche Interaktion

Der Psychologe berichtete, dass ich Schwierigkeiten hatte, mit Gleichaltrigen zu interagieren und die gesellschaftlichen Signale zu verstehen, um sozial und emotional angemessenes Verhalten zu unterscheiden. Ich hatte zwar Kontakt zu anderen Kindern, aber der Umgang mit ihnen war nicht immer einfach, insbesondere wenn es um bestimmte Aktivitäten, wie das Erlernen praktischer Fertigkeiten ging.

· · ·

**Was ich gelernt habe**: Dieses Kriterium hat mir klargemacht, warum ich bei Gruppenaufgaben oder Gesprächen oft ins Hintertreffen geraten bin. Regelmäßig würden zwei Szenarien eintreten:

Bei Gruppenaufgaben überließ ich oft anderen die Führung, wenn ein Problem auftrat. Wenn ich eine Lösung vorschlug, nahmen die anderen sie nicht ernst oder sagten mir, sie ergäbe keinen Sinn.

In Gruppengesprächen wechselten die anderen so schnell das Thema oder schwatzten über oberflächliche Themen, dass ich nicht mithalten konnte. Wann immer ich etwas beitrug, hatte ich das Gefühl, etwas ohne Substanz zu sagen. Entweder erntete ich verwirrte Blicke, wurde völlig ignoriert oder es herrschte eine unangenehme Stille, die mich dann verwirrte.

Ich habe gelernt, dass ich meinen Gesprächsteilnehmern gegenüber ehrlich sein muss über meine Herausforderungen. Allerdings neige ich jetzt dazu, Gruppengespräche zu vermeiden und stattdessen Einzelgespräche zu initiieren. Wenn ich dies nicht gelernt hätte, wäre ich mit der Maskierung fortgefahren, was mich weiterhin unglücklich gemacht hätte.

## Nr. 2 – Immersive engstirnige Interessen

Ich zeigte die Merkmale eines engen Interessenmusters mit sich wiederholender Qualität. D. h., ich beschäftigte mich immer wieder mit den gleichen Bereichen meiner Interessen. Der Begriff, der dies am verständlichsten beschreibt, ist Fachinteressen. Mein Hauptinteresse dann und auch jetzt noch ist der Formel-1-Motorsport. Ich interessiere mich auch für andere Themen, behalte aber nicht das Interesse oder die Informationen auf die gleiche Weise bei. Ich zeigte auch Anzeichen von Interessenmustern, die auf dem bloßen

Gedächtnis beruhten und sich auf meine übermäßige Konzentration auf Formel 1 und besondere Bereiche des Sports bezogen, die nur für mich Bedeutung hatten. Ich habe wiederholt Bilder von Formel-1-Rennstrecken gezeichnet, die für den Betrachter keinen Sinn ergaben.

**Was ich gelernt habe**: Es fiel mir schwer, Informationen zu behalten, die nichts mit dem Formel-1-Motorsport zu tun hatten. Das ist allerdings mit zunehmendem Alter einfacher geworden. Mir ist jetzt bewusst, dass ich seit meiner Kindheit Informationen anders aufnehme. Ich recherchiere immer noch sehr viel, aber das Lernen kommt mehr durch die Praxis, indem ich Fehler mache und überlege, was ich beim nächsten Mal besser machen kann.

### Nr. 3 – Auferlegung von Routinen, Ritualen und Interessen

Ich habe dieses diagnostische Kriterium nicht erfüllt. Nachdem der Psychologe die Ergebnisse der Gespräche zu Hause und in der Schule gesammelt hatte, traf er die Schlussfolgerung, dass ich nicht versucht habe, mir selbst oder anderen Routinen oder Rituale aufzuzwingen. Das bedeutete, dass ich erste Anzeichen dafür zeigte, flexibel und relativ entspannt gegenüber Routinen, Ritualen oder Interessen zu sein.

**Was ich gelernt habe**: Ich muss diesen wichtigen Punkt hier doch ansprechen. Ich brauche Struktur, aber ich bin auch flexibel und kann meine Routine an unerwartete Ereignisse anpassen. Allerdings war das nicht immer so. Bevor ich meinen Diagnosebericht las, versuchte ich immer, nach außen hin gelassen zu wirken, was die Änderung meiner Pläne anging. Es hat mich jedoch immer verunsichert. Ich habe jetzt herausgefunden, dass die beste Lösung darin besteht, meine ursprünglichen Pläne nicht zu ändern, sondern unerwartete Ereignisse als Gelegenheiten zu sehen, diese Pläne zu verstärken. Ich habe jetzt die Einstellung, dass alles aus einem bestimmten Grund geschieht.

## Nr. 4 – Besonderheiten bei der Sprache und beim Sprechen

Ich habe die Kriterien für das Entwicklungsmuster einer verzögerten Sprachentwicklung erfüllt. Die Kriterien für die Beschaffenheit meiner Stimme hinsichtlich Lautstärke, Qualität und Klang trafen auch zu. Der Psychologe meinte, meine Stimme sei atypisch, da sie etwas gestelzt sei, mit ungewöhnlicher Wörtertrennung und monotonem Klang. Ich hatte auch einige Probleme mit dem Sprachverständnis, unter anderem, wenn ich die verbale Kommunikation wortwörtlich nahm und Themen verwechselte. Ich beharrte auch sehr auf einem einzelnen Wort und erfand gelegentlich neue Wörter.

**Was ich gelernt habe**: Der Klang meiner Stimme hat mich lange Zeit verunsichert. Es hat mich jedoch beruhigt, dass andere die gleiche Unsicherheit haben. Den meisten Menschen fällt es auch gar nicht auf, ob meine Stimme etwas anders klingt, daher ist das kein Problem mehr.

Was meine verbale Kommunikation betrifft, erfinde ich keine eigenen Worte und verwechsele Themen nicht mehr. Es dauerte jedoch eine Weile herauszufinden, wie ich mit dem ‚Wortwörtlichnehmen' umgehen sollte. Ich erinnere mich, dass meine Lehrer in der Schule mir immer wieder sagten, ich solle zwischen den Zeilen lesen. Ich verstand diesen Satz erst, als mir klar wurde, dass es eine Redewendung war. Oder wenn andere Vorschläge machten, würde ich diese als Befehle auffassen. Heute sehe ich sie als Vorschläge und nutze sie als Informationsquelle, um in verschiedenen Situationen mein eigenes Urteil zu fällen.

### Nr. 5 – Probleme mit der non-verbalen Kommunikation

Ich zeigte Anzeichen einer unbeholfenen oder ungeschickten Körpersprache auf. Das bedeutete, dass die Gesten meiner non-verbalen Kommunikation manchmal seltsam oder ungewöhnlich sein konnten. Mein Blick war auch sehr direkt und wurde als untypisch eingestuft, da er entweder zu flüchtig oder zu intensiv sein konnte. Entweder vermied ich Augenkontakt oder starrte die andere Person an.

**Was ich gelernt habe**: Ich habe hier nicht wirklich etwas Neues gelernt. Ich weiß, dass ich Probleme mit der non-verbalen Kommunikation habe, und ich arbeite weiterhin daran, diese Herausforderung zu verbessern.

Eine andere Unsicherheit besteht bei mir darin, mir Sorgen über meine unbeholfene oder ungeschickte Körpersprache zu machen. Wenn ich zum Beispiel mit jemandem rede, den ich nicht gut kenne, werde ich dadurch abgelenkt, mir Sorgen darüber zu machen, ob ich zu angespannt aussehe. Obwohl ich beschlossen habe, dem entgegenzuwirken, ist es schwierig und ich mache nur sehr langsam Fortschritte. Es ist momentan unvermeidlich, dass ich angespannt aussehe, sobald ich darüber nachdenke.

Meine Schwester erwähnt immer, dass mein Blickkontakt sehr intensiv ist. Ich habe den intensiven Blickkontakt gern, wenn ich in ein interessantes Gespräch verwickelt bin.

Allerdings zwingt mich jetzt das Wissen, dass es der anderen Person unangenehm sein könnte, dazu, den Augenkontakt zu unterbrechen, was manchmal auch unnatürlich sein kann. Mein Umgang mit anderen ist durch diese Sorgen umständlicher als er sein sollte, was für mich unangenehm ist.

### Nr. 6 – Motorische Ungeschicklichkeit

Meine Eltern und die Schule berichteten, dass ich bei Aktivitäten und im Sportunterricht ungeschickt war. Ich machte atypische Handbewegungen und hatte Schwierigkeiten, bestimmte körperliche Bewegungen zu kontrollieren. Ich hatte zum Beispiel keinen Sturzreflex, wenn ich fiel. Das heißt, ich streckte meine Hände nicht instinktiv aus, um einen Sturz abzufedern.

**Was ich gelernt habe**: Ich mache immer noch aufgeregte Handbewegungen, besonders während ich Formel-1-Rennen ansehe. Hierbei bin ich machtlos. Handflattern – eine Form des Stimmings, d. h., wiederholte oder ungewöhnliche Körperbewegungen oder Geräusche – ist sehr entspannend und gibt mir ein dynamisches Gefühl. Es ist schon fast wie eine Sucht. Allerdings kann ich nur mit meinen Händen flattern, wenn ich allein bin. Das Bedürfnis zur Maskierung kommt sofort, wenn sich jemand in der Nähe befindet und ich kann dann einfach nicht flattern, auch wenn ich es versuchen würde. Ich habe meinen Sturzreflex entwickelt, aber er ist immer noch langsamer als der einer durchschnittlichen neurotypischen Person. Ich habe hier gelernt, dass ich die Dinge akzeptieren muss, die ich nicht ändern kann.

Ich hoffe, dass diese Zusammenfassung meines

Diagnoseberichts einigen von euch helfen kann. Vielleicht seid ihr gerade dabei eine Diagnose in Erwägung zu ziehen oder ihr seid bisher aus Angst vor dem Unbekannten oder anderen Faktoren davor zurückgeschreckt. Ich muss hier noch einmal betonen, dass Autismus ein breites Spektrum hat und andere Menschen möglicherweise andere Kriterien erfüllen. Durch die Analyse meines Diagnoseberichts konnte ich die meisten meiner Herausforderungen besser verstehen. Es ist jetzt leichter für mich, die Verantwortung für mein Verhalten zu übernehmen und mir selbst für meine Fehler zu vergeben und Bewältigungsmechanismen zu entwickeln.

## UNTERSTÜTZUNGSMASSNAHMEN

Wir kommen jetzt zur Unterstützung, die ich nach meiner Diagnose erhalten habe. Dieser Teil des Prozesses ist umso wichtiger, da die Diagnose nur die halbe Miete ist. Meine Eltern könnten ein Buch über die Schwierigkeiten bei der Einrichtung von Unterrichtsunterstützung schreiben. Sie mussten viel Zeit damit verbringen, Berge von Papierkram zu erledigen und gegen die örtliche Behörde vorzugehen, die für die Unterstützungsdienste für Kinder zuständig ist. Ich werde mich hier nur auf das Ergebnis beschränken. Wie ich bereits sagte, bin ich jedoch sehr dankbar für meine frühzeitige Diagnose. Es gab meinen Eltern die Gelegenheit, den rechtzeitigen Zugang zu wichtigen Unterstützungsmaßnahmen zu erkämpfen. Ich erhielt damit eine gezielte Förderung mit der bestmöglichen Unterstützung im Unterricht und später an der Universität. Zu Hause ergänzten meine Eltern dies durch Hilfestellung, die ich außerhalb der Schule benötigte.

### Finanzierung
Während der gesamten Grundschulzeit erhielt ich die im

Vereinigten Königreich allgemein verfügbaren Fördermittel für Kinder mit besonderen pädagogischen Bedürfnissen. Meine Eltern mussten dann ordentlich Druck ausüben, um mit der örtlichen Behörde ein Finanzierungspaket auszuhandeln, um meine Lernunterstützung an einer weiterführenden Schule meiner Wahl zu finanzieren (die sich von der Wahl der örtlichen Behörde unterschied).

Meine Schule erhielt die Finanzierung dann direkt von der Behörde, um die Lernunterstützungsassistenten im Klassenzimmer und meinen Besuch bei einer speziellen Lernunterstützungseinheit (LSU) abzudecken. Das war nur möglich, weil ich eine Autismus-Diagnose hatte. Ich muss auch erwähnen, dass meine Eltern immer wieder dafür kämpfen mussten, dass ich die Finanzierung während meiner gesamten Schulzeit behielt. Jedes Mal, wenn die örtliche Behörde eine Überprüfung einleitete und feststellte, wie gut ich zurechtkam, versuchten sie, die Finanzierung zu streichen. Ich finde es immer noch unglaublich, dass sie nicht verstanden haben, dass ich mich aufgrund der Unterstützung, die ich erhielt, so gut entwickelte. Ich kann nur hoffen, dass sich dieser Status quo seit meiner Schulzeit geändert hat. Ich bin dankbar, dass meine Mutter und mein Vater so hartnäckig waren und jedes Mal gegen die örtliche Behörde antraten und gewonnen haben. Einmal ging mein Fall fast vor ein Gericht. Meine Mutter sammelte jedoch Beweismaterial an und schrieb einen 40-seitigen Bericht, um nachzuweisen, dass ich nicht von der Schule entfernt werden sollte. Die örtliche Behörde machte einen Rückzieher und endete das Gerichtsverfahren wegen dieser überwältigenden Beweise. Wir haben jeden Kampf gewonnen, aber ich würde den wiederkehrenden Stress und die Angst in diesen Situationen anderen Familien nicht wünschen.

**In der Schule**

Die Finanzierung ermöglichte die Bereitstellung von Lernunterstützungsassistenten, die vom Kindergarten bis zum Ende meines ‚General Certificate of Secondary Education' (GCSEs) im 11. Schuljahr neben mir im Klassenzimmer saßen.

Das typische Format einer einstündigen Unterrichtsstunde bestand damals darin, dass der Lehrer vorn stand, redete, auf die Tafel schrieb und Unterrichts- und Hausaufgaben austeilte. Die gleichzeitige Verarbeitung mehrerer Dinge verlangt die Kapazität, den Überblick zu behalten. Aufgrund meiner mangelnden Überblickkapazität war es ein Albtraum, dem Lehrer zuzuhören, Anweisungen zu interpretieren und gleichzeitig Notizen zu machen. Meine Lernunterstützungsassistenten machten sich Notizen und präsentierten die Informationen in einer Art und Weise, die ich verstehen konnte. Ich hatte zudem auch jeweils eine Stunde außerhalb des Unterrichts mit speziellen Lernunterstützungs-Mitarbeitern. In diesen Stunden konzentrierten wir uns darauf, verschiedene Wörter dem richtigen Kontext zuzuordnen und meine Überblickkapazität durch die Verwendung von Bildern und Diagrammen zu verbessern. Das gab mir den benötigten Antrieb, um meinen regulären Unterricht besser zu verstehen und in meinen Prüfungen besser abzuschneiden. Ich hatte zudem auch Anspruch auf 25 % mehr Zeit für meine Prüfungen und saß in einem separaten Raum. Das war gut, denn es machte mir Angst, wenn ich sah und hörte, wie die anderen Schüler schneller durch die Prüfungen kamen. Und ich wurde nicht abgelenkt, wenn meine Klassenkameraden den Raum früher verließen. Mir wurde auch jede Frage so vorgelesen, dass ich sie verstehen konnte (was meine Klassenkameraden sicher geärgert hätte, wenn sie sich das in Prüfungen hätten anhören müssen).

### An der Universität

Aufgrund meiner Diagnose konnte ich die Behindertenbeihilfe für Studierende (Disabled Student Allowance - DSA) erhalten, um unterstützende Technologien nutzen zu können, die mir dabei halfen, die enorme Menge an Online-Lektüre für meine Forschung zu bewältigen. Eine spezialisierte Lernmentorin wurde ebenfalls durch die DSA finanziert und half mir, mit meiner neuen Umgebung vertraut zu werden, Aufgaben zu verstehen und bei Bedarf längere Fristen zu vereinbaren. Sie war mir eine enorme Hilfe. Da sie selbst Autistin ist, verstand sie meine Ängste und zeigte mir viele wirksame Strategien, um mit ihnen umzugehen.

### Zu Hause

Meine Mutter arbeitete nicht nur daran, die für mich nötige Unterstützung im Unterricht zu bekommen, sondern half mir auch bei meinen Hausaufgaben und war ständig in Kontakt mit meinen Lehrern, um auf dem neusten Stand zu bleiben.

Aufgrund meiner Zeitangst setzten die Lehrer oft Fristen, die ich nicht einhalten konnte. Der übermäßige Druck und die Panik, die diese Fristen in mir auslösten, hinderten mich daran, Aufgaben nicht nur innerhalb eines bestimmten Zeitrahmens, sondern auch überhaupt zu erledigen. Mit meiner Mutter an meiner Seite waren diese Ängste zu bewältigen. Wir haben als Team zusammengearbeitet, um die Hausaufgaben pünktlich abzugeben oder bei Bedarf eine Verlängerung zu bekommen. Versteht mich hier nicht falsch, meine Mutter hat meine Hausaufgaben nicht gemacht, sie hat mir jede Aufgabe erklärt, bis ich verstand, was von mir erwartet wurde. Meine langsame Verarbeitung machte es oft unmöglich, schnell zu verstehen, was ich tun musste. Sie war immer für mich da, um sich meine Ängste anzuhören und diese mit mir durchzusprechen, bis ich wieder klar denken konnte.

Ich muss hier auch unbedingt die Unterstützung erwähnen, die ich außerhalb meiner Schularbeit hatte. Schließlich musste ich mich auch nach der Schule in der Welt zurechtfinden. Hier hat mir mein Vater geholfen. Er brachte mir die praktischen Fähigkeiten bei, die ich in jeder Phase meines Lebens brauchte, vom Fahrradfahren ohne Stützräder über die Teilnahme am Mannschaftssport bis zum Autowaschen. Ich erinnere mich, wie mein Vater, meine jüngere Schwester und ich in unserem Park übten unsere Fahrräder, ohne Stützräder zu fahren. Könnt ihr raten, wer zuerst erfolgreich war? Meine kleine Schwester! Und das hat mir überhaupt nicht gefallen. Ich hatte die non-verbale Kommunikation meines Vaters missinterpretiert, als er gestikulierte, wie man in die Pedale tritt. Dieses Problem war ein klares Beispiel dafür, wie sich eine Fehlinterpretation der Körpersprache auf meine Koordination auswirkte und meine Fortschritte beim Erlernen neuer praktischer Fähigkeiten verlangsamte. Es war aber auch ein guter Lernprozess für meinen Vater, da er dadurch erfuhr, wie er mir Anweisungen geben musste, sodass ich ihnen folgen konnte. Ich habe letztendlich gelernt, Fahrrad zu fahren, aber es hat mir nie wirklich Spaß gemacht. Was mir Spaß gemacht hat, war beim Sport zuzuschauen und mitzumachen. Mein Vater hat früher viel Sport getrieben und ist immer noch ein großer Fan von Cricket und Rugby Union. Er schaut sich auch gern Formel 1, Golf, Fußball und NFL (American Football) an. Trotz meiner motorischen Schwierigkeiten war er entschlossen, mich für Cricket, Rugby Union und Fußball zu begeistern – drei der größten Sportarten im Vereinigten Königreich. Er wurde sogar Cricket-Trainer in unserer örtlichen Juniorenmannschaft, damit ich einbezogen werden konnte. Dank meines Vaters konnte ich diese Mannschaftssportarten problemlos ausüben.

Er hilft mir auch heute noch. Jetzt, wo ich älter bin, bezieht sich diese Hilfe eher auf praktische Aufgaben rund ums Haus, wie das Waschen meines Autos, das Putzen meines Hauses oder das Mähen des Rasens. Mein Mangel an Koordination ist jetzt weniger sichtbar. Ich habe auf diese Weise unschätzbare Fähigkeiten erlangt, im Sport und in der Hausarbeit, die selbst einige neurotypische Menschen nicht kennen, da diese nicht in der Schule beigebracht werden.

Ich hoffe, dass ihr, falls ihr autistische Anzeichen habt oder jemanden mit autistischen Anzeichen kennt, jetzt die Vorteile einer Diagnose seht. Ich möchte Eltern, die vermuten, dass ihr Kind autistisch ist, bitten, den Diagnoseprozess in Erwägung zu ziehen. Eine individuelle Diagnose hilft euren Kindern die Unterstützung zu bekommen, die sie brauchen. Ich bin dankbar, dass meine Eltern früh gehandelt und seit meiner Diagnose offen mit mir über meinen Autismus gesprochen haben. Dadurch konnte ich mit ein paar Anpassungen die gleiche Kindheit wie meine Altersgenossen haben. Ich hatte auch mehr Zeit mich an meinen Autismus zu gewöhnen und durch meinen Diagnosebericht und meine Erfahrungen Bewältigungsmechanismen für meine Herausforderungen zu entwickeln. Ich habe noch einen langen Weg vor mir, aber zumindest weiß ich, wie ich diesen Weg bewältigen kann. Ich hoffe, dass ich euch hier auch dabei helfe, Autismus besser zu verstehen.

### Hilfreiche Tipps aus Kapitel 2

- Eine frühzeitige Diagnose kann sich positiv auf den Geisteszustand und Entwicklung einer autistischen Person auswirken.
- Falls ihr ihn zur Hand habt, lest euren Autismus-Diagnosebericht. Es könnte euch helfen, eure

Erwartungen zu managen, wenn ihr eure Diagnose richtig kennenlernt.
- Die Auflistung von Unterstützungsmaßnahmen, auf die autistische Kinder und Erwachsene nach der Diagnose Anspruch haben, soll euch motivieren, eine Diagnose aufzusuchen. Wenn ihr eine Diagnose habt, kann euch der Bericht helfen, eure Herausforderungen zu verstehen, Verantwortung zu übernehmen und Bewältigungsmechanismen zu entwickeln.

# KAPITEL 3
# KINDHEITSERLEBNISSE

Ich hatte das Glück, eine sorgenfreie Kindheit zu haben. In diesem Kapitel möchte ich euch zeigen, wie meine Kindheitserfahrungen und die Menschen um mich herum mir geholfen haben, die emotionalen Grundlagen zu legen, um die turbulenten Jahre meiner Teenager- und Jugendzeit zu bewältigen. Ich glaube, dass ich ohne diese Erfahrungen nicht der Mensch geworden wäre, der ich heute bin.

Meine liebevolle und unterstützende Familie und unsere Freunde akzeptierten mich so, wie ich war. Ich bin dafür dankbar, denn als Kind habe ich nicht verstanden, ob es etwas Positives oder Negatives ist, anders zu sein. Die meisten meiner Klassenkameraden verurteilten mich nicht dafür, dass neben mir ein Lernunterstützungsassistent saß, und bezogen mich trotzdem in ihre Spiele und Gespräche ein. Während meiner Grundschulzeit wurde ich nie gemobbt. Ich bin in einem Dorf in der Nähe von Leeds, Yorkshire, im Vereinigten Königreich aufgewachsen und lebe dort noch immer. Hier kannten sich alle, als ich jünger war. Am Freitag und Samstag sehe ich immer noch oft meine alten Klassenkameraden in meinen örtlichen Pubs. Meine Familie ist im Dorf sehr beliebt, was wahrscheinlich auch geholfen hat.

## NAN UND POPS

Dass unsere Familie so beliebt war, war meinem Großvater und meiner Großmutter zu verdanken. Mein Großvater, oder Pops, wie wir ihn nannten, war ein ausgezeichneter Cricketspieler. Unser Dorf hat zwei Cricket Teams und Pops spielte abwechselnd für beide Teams. Es gibt eine Geschichte, in der er den legendären englischen Cricketspieler Geoffrey Boycott in einem Benefizspiel besiegte. So wie ich es verstanden habe, war der Ball jedoch ein *No-Ball* (ungültig), was wirklich nicht zählte – es ist dennoch eine gute Geschichte, wenn man dieses ‚kleine' Detail außer Acht lässt.

Meine Oma war auch eine große Persönlichkeit im Dorf. Sie feierte gern und unterhielt sich lange mit jedem, der ihr über den Weg lief. Ihr berühmter Satz war „nur noch eins", was bedeutete, dass sie noch ein Glas mehr Stella, ihr Lieblingsbier, trinken würde, bevor sie den Pub oder Cricket Club verließ. Sie hatte viele „nur noch eins" bevor sie schließlich den nach Hause Weg antrat. Wir nannten meine Oma Nan. Sie wollte Nan genannt werden, weil sie es nicht mochte, wenn Leute sie Oma nannten, und sie wollte nie, dass die Leute ihr wahres Alter erfuhren. Für mich und alle anderen war sie einfach alterslos.

Als ich sechs Monate alt war, hörte Nan auf zu arbeiten, um sich um mich zu kümmern. Damals hatten meine Mutter und mein Vater Vollzeitjobs und brauchten jemanden, dem sie vertrauen konnten, der sich um mich kümmerte, wenn sie im Büro waren. Damit begann eine Familientradition, denn Nan kümmerte sich auch um meine Schwester, als sie sechs Monate alt war. Nan und Pops hatten viele Brettspiele und einen riesigen Garten hinter dem Adwalton Cricket Feld. Mit ihrer jugendlichen Energie machte Nan immer bei allem mit, sei es im Wettstreit darum, wer die beste Lego-Kreation baut, die Cricket Bälle am weitesten schlägt oder das tiefste Loch im Garten gräbt. Wir haben sogar kleine Teiche in diesen Löchern anlegen dürfen. Nan und Pops waren sehr altmodisch. Sie hatten eine alte Schreibmaschine und ein Wählscheibentelefon, Gegenstände, die mich faszinierten, und ich durfte sie so oft erkunden, wie ich wollte.

Mein Cousin war in den Schulferien auch immer mit von der Partie. Diese Tage waren fantastisch. Schon in jungen Jahren hatte ich eine enge Bindung zu meiner Familie, was mir geholfen hat, Vertrauen in die Menschen, die mir am nächsten stehen, zu entwickeln, und deren Zuverlässigkeit zu schätzen. Durch meine Familie habe ich schon früh gelernt, mich sicher und glücklich zu fühlen. Ich habe auch erkannt, wie wichtig unterstützende Beziehungen für mich sind.

Nan hat immer viel Aufhebens um mich gemacht. Sie sagte, sie sei mein größter Fan und nannte mich immer ihr *Chicken* (Hühnchen), während sie mein Bein kitzelte, um mich zu entspannen und mir jegliche Angst zu nehmen. Ich dachte immer, sie sei der beste Mensch auf der Welt (außer natürlich meiner Mutter, meinem Vater und meiner Schwester) und sie hatte einen beruhigenden Einfluss auf mich. Ich habe gelernt, dass es eine entspannende Wirkung auf mich hat, Menschen um mich herum zu haben, die mich so akzeptieren und lieben, wie ich bin. Ich habe auch gelernt, dass ich mich besser fühle, wenn ich meine besorgniserregenden Gedanken und Ängste herauslasse. Sie kamen mir viel kleiner vor, nachdem ich über sie gesprochen hatte.

Ich habe bisher nicht so viel über Pops gesprochen. Pops erledigte Nans Besorgungen und holte meine Schwester und mich immer von der Schule ab. Früher hatte er auch einen Bereich im Garten, auf dem er Gemüse anbauen konnte. Er gab vor, wütend zu sein, wenn meine Schwester, mein Cousin und ich seine frisch angebauten Tomaten und Erbsen stibitzten, um sie zu essen, aber es machte ihm eigentlich nichts aus. Er chauffierte Nan, mich, meine Schwester und meinen Cousin an die Küste oder in die Yorkshire Dales, wenn wir im Sommer Tagesausflüge machten. Ich erinnere mich, dass wir auf dem Rückweg von Runswick Bay einmal in ein Gewitter mit gewaltigen Gabelblitzen fuhren. Ein Blitz traf das Auto und schüttelte es. Pops sorgte, wie immer, dafür, dass wir alle ruhig blieben. Er war für mich wie ein Fels in der Brandung, solide und beständig. Das hätte ein Vorfall sein können, der bei mir ein Meltdown auslöste, aber Pops gab mir das Gefühl, sicher zu sein. Und das Auto war in Ordnung, sodass wir weiter nach Hause fahren konnten.

Wenn ich an diese Zeiten zurückdenke, fühle ich mich gleichzeitig glücklich, aber auch traurig. Es weckt in mir ein Gefühl der Nostalgie. Ich wünschte, ich wäre noch ein Kind, als die Welt noch viel einfacher und weniger überwältigend und verwirrend für mich war. Ich liebte den einfachen Lebensstil, bevor Jahre später Smartphones die Welt eroberten. Ich bin dankbar für all die wertvollen Lektionen, die ich aus der engen familiären Bindung während meiner Kindheit gelernt habe.

## GRUNDSCHULZEIT

Ich hatte in der Schule nicht den besten Start. An meinem ersten Tag im Kindergarten stürzte ich und verletzte mich am Kopf, bevor ich überhaupt dort ankam. Ich musste ins Krankenhaus und verpasste meinen Einführungstag. Am nächsten Tag betrat ich dieses riesige, unbekannte Kindergartengebäude. Die anderen Kinder waren in kleinen Gruppen über diverse Teile des Raums verstreut und nahmen an verschiedenen Aktivitäten teil. Zu diesen Aktivitäten gehörten das Spielen mit Spielzeug im Kreis, das Lesen von Büchern und das Basteln mit Klebstoff. Ich fühlte mich sehr überwältigt und klammerte mich an die Beine meiner Mutter. Sie schaffte es schließlich, mich im Kindergarten zurückzulassen, erhielt aber kurz darauf einen Anruf vom Sekretariat. Sie blieb dann die ersten zwei Wochen jeden Tag bei mir im Kindergarten, ebenso wie meine Schwester, die damals noch ein Neugeborenes war. Meine Mutter und die Schule gaben mir die Zeit, mich an meine neue Umgebung zu gewöhnen, bis ich glücklich war, dort zu sein. Ich habe nicht mit den anderen Kindern gespielt. Ich war einfach froh, meinen eigenen Aktivitäten nachgehen zu können, bis später ein weiterer autistischer Junge in den Kindergarten kam. Er sollte mein lebenslanger bester Freund werden. Im Laufe der Grundschuljahre haben wir viele gemeinsame Erfahrungen gemacht und waren auch in den gleichen Lernförderklassen. Wir haben immer noch diese starke Verbindung; er ist wie ein Bruder für mich. Ich weiß, dass ich ihm bedingungslos vertrauen kann.

In der mittleren bis späten Grundschulzeit habe ich auch andere Freundschaften geschlossen. Das war zu der Zeit, als ich anfing, Sport zu treiben. Ich habe Fußball und Cricket gespielt und festgestellt, dass es für mich einfacher ist, durch Mannschaftssport eine Verbindung zu anderen Menschen aufzubauen. Ich habe gelernt, dass sie mich in ihrer Mitte akzeptieren würden, wenn ich etwas mit ihnen gemeinsam hätte. Als ich acht oder neun war, wurde ich auch zum Spielen zu den Häusern meiner Freunde eingeladen. Die meisten von uns hatten Trampoline, auf denen wir gegenseitig unsere Lieblings-Wrestling-Bewegungen vorführten. Aufgrund meiner mangelnden Koordination fiel mir das schwer, aber ich habe es immer versucht. Der Sport und das Zusammensein mit meinen Freunden haben mir gezeigt, dass ich trotz meiner Koordinationsschwierigkeiten nicht außen vor gelassen wurde, solange ich irgendwie mitmachte.

Nach der sechsten Klasse besuchten die meisten anderen Kinder, die ich seit dem Kindergarten kannte, andere weiterführende Schulen. Ich verlor den Kontakt zu denen, die ich als Freunde angesehen hatte. Mein bester Freund, den ich zuvor erwähnt hatte, ging auf dieselbe Schule wie die anderen, und wir verloren viele Jahre lang den Kontakt. Wir waren achtzehn als wir uns wieder trafen und es dauerte es eine Weile, eine gemeinsame Basis zu finden. Es gelang uns jedoch, unsere Freundschaft auf den alten Gefühlen des Vertrauens und des gegenseitigen Verständnisses, wieder aufzubauen.

## MEINE ELTERN

Zu meinen Eltern hatte ich immer ein sehr enges Verhältnis. Meine Mutter begann schließlich Teilzeit zu arbeiten und war immer da, um mich bei meinen Schularbeiten und allem anderen zu unterstützen, wo ich sie brauchte. Mein Vater hat mir immer geholfen und mich ermutigt, Sport zu treiben. Als ich jünger war, habe ich sonntagmorgens Fußball gespielt. Und als ich mit der Highschool anfing, wechselte ich zum Rugby Union. Mein Vater war jedes Wochenende am Spielfeld, egal, wie kalt es war oder wie weit das Spiel entfernt war. Im Sommer, als ich Cricket spielte, übernahm er in meinen ersten Saisons sogar die Cricket-Trainerfunktion.

Wir hatten einige wirklich unvergessliche Ferien. Als meine Schwester und ich klein waren, fuhren wir nach Tromøya, einer Insel an der Südküste Norwegens. Wir nahmen eine Nachtfähre von Newcastle aus, einer meiner Lieblingsabschnitte der Reise. Wir standen an der Reling auf dem höchsten Deck, streckten die Arme aus und spürten die kühle Brise des Windes. Manchmal war der Wind so stark, dass er uns fast umgeworfen hat. Die Kabinen waren sehr gemütlich. Es gab einen kleinen Couchtisch und ausklappbare Etagenbetten. Die Bewegung des Schiffes und das leise Dröhnen der Motoren gaben mir immer ein sehr entspanntes Gefühl. Es war der perfekte Start in den Urlaub.

Jedes Mal, wenn wir in Tromøya ankamen, mussten wir einen langen Feldweg hinunter in den Wald fahren, um zu unseren Blockhütten direkt am Meer zu gelangen. Die Hütten waren einfach, mit Küche und Wohnbereich, zwei Schlafzimmern, einer riesigen Terrasse mit Blick auf das Meer und einer Außentoilette im „Shrek-Stil". Zwei Wochen lang gab es weder Fernsehen noch WLAN. Stattdessen hatten wir einen nahegelegenen Steg, wo wir schwimmen oder mit dem kleinen Motorboot, das zur Hütte gehörte, aufs Meer hinausfahren und angeln konnten. Unsere Hauptbeschäftigung war das Angeln im Meer. Der Fisch, den wir gefangen haben, bestand hauptsächlich aus Makrele und Kabeljau. Anschließend haben wir den Fisch geräuchert oder auf den Grill gelegt. Wir haben dort auch Freundschaften mit Norwegern geschlossen und sind noch heute mit ihnen in Kontakt. Sie nahmen uns auf ihrem größeren Boot mit, wo wir viel größere Kabeljau und Makrelen oder Krabben und andere Fische fingen. Es war so aufregend zu sehen, wie die verschiedenen Fische an die Wasseroberfläche kamen, bevor wir sie ins Boot brachten. Tromøya ist für mich ein magischer Ort, der mir immer am Herzen liegen wird. Ich war seit meinem elften Lebensjahr nicht mehr dort, aber wenn ich die Gelegenheit hätte, noch einmal dorthin zu fahren, würde ich sie mit beiden Händen ergreifen. Das Einzige, wovor ich Angst hätte, wäre, dass der Ort vielleicht nicht mehr derselbe ist und für mich seinen Zauber verloren hat.

Meine Eltern haben mir schon in jungen Jahren beigebracht, die einfachsten und wichtigsten Dinge im Leben zu schätzen und zu genießen, wie die Natur, wahre Freunde und Kameradschaft. Diese Lektionen haben mir eine solide

Grundlage gegeben, um die Stürme zu überstehen, die während meiner Teenager- und Erwachsenenjahre auf mich zukommen sollten, als ich anfing, Schwierigkeiten damit zu haben, in einer neurotypischen Welt anders zu sein.

## MEINE SCHWESTER

Für meine Schwester war es schwierig, mit einem älteren Bruder aufzuwachsen, der viel Aufmerksamkeit von unseren Eltern brauchte. Es war auch für meine Mutter und meinen Vater schwierig, da sie mir nicht bewusst mehr Aufmerksamkeit schenken wollten. Meine Schwester hatte zwar gelegentlich Probleme mit dem Gefühl, Zweite zu sein, aber sie ist ein starker Charakter. Jedes Mal, wenn sie sich vernachlässigt fühlte, hat sie sich bei unseren Eltern beschwert, sodass sie mit ihr reden und die Situation erklären konnten. Ich glaube, dass die Offenheit in unserer Familie über meinem Autismus ihr früh ein Verständnis und die Gewissheit vermittelt hat, dass sie nicht die Zweitbeste war. Deswegen war meine Schwester schon in jungen Jahren meine engste gleichaltrige Verbündete und eine unschätzbare Unterstützung. Ich verlasse mich immer noch sehr auf ihre Meinung und bin dankbar, dass sie immer für mich da ist. Mit mir aufzuwachsen, hat sie auch dazu inspiriert, Psychologie zu studieren und eine Karriere in diesem Bereich anzustreben. Sie ist einfach großartig.

## OMI UND OPI

Ich bin halb Deutscher. Meine Mutter wurde in Hamburg geboren und meine Großeltern wohnen in der Nähe der dänischen Grenze in Norddeutschland. Wir nennen meine deutschen Großeltern Omi und Opi. Von ihrem Haus aus blickt man auf die Ostseebucht, Schlei, und die nächstgelegene Stadt, Schleswig. Jedes Mal, wenn ich dort bin, fühlt es sich immer noch wie ein zweites Zuhause an. Omi und Opi haben mir immer dieses Gefühl vermittelt, als ich als Kind zweimal im Jahr dort war. Leider verstarb Opi im Jahr 2017.

Ich kann in meiner Mutter viel von Omi erkennen, was ihr Aussehen und ihre Verhaltensweisen angeht. Opi war eine besondere Person und ein verrückter Charakter. Er war ein Partylöwe wie Nan und sogar noch verrückter als sie. Er trank, tanzte und lachte, bis er umfiel, und wenn man ihn zu etwas herausforderte, tat er es. Bei einem seiner Besuche in unserem Dorf forderte Nan ihn beispielsweise heraus, von einer Plattform hinter dem Garten auf sie zu springen. Unglücklicherweise sprang er und hat sie im wahrsten Sinne des Wortes platt gemacht. Man kann immer noch das Loch im Boden sehen (nur ein Scherz). Omi hingegen ähnelte eher Pops. Sie hielt sich lieber im Hintergrund.

Weihnachten in Deutschland ist im Vergleich zu England ganz anders, aber es gefällt mir ebenso. Wir öffneten unsere Geschenke am Heiligabend, nachdem der Weihnachtsmann (normalerweise ein Freund von Omi und Opi) mit einem großen Sack voller Geschenke zum Haus gekommen war. Ich erinnere mich, dass ich heimlich über meine Freunde in England gelacht habe, die einen zusätzlichen Tag warten mussten. Es war so schwer, nicht selbstgefällig zu sein.

Ich liebe meine deutsche Familie und bin traurig, dass ich nicht fließend Deutsch mit ihnen sprechen kann. Wir haben aber trotzdem eine enge Verbindung.

## MEINE HAUSTIERE

Ich hatte seit meinem siebten Lebensjahr viele Haustiere und hatte eine enge Bindung zu ihnen. Mein erstes Haustier war ein weiblicher Goldhamster. Ich beschloss, sie Chowdy zu nennen. Bitte fragt mich nicht, warum ich diesen Namen gewählt habe, da ich den Grund selbst nicht kenne. Dann hatte ich noch zwei weitere Hamster – einen russischen Zwerghamster, Boris, und noch einen syrischen Hamster, Bruno. Boris war ein kleiner aggressiver Beißer. Ich konnte ihn gar nicht halten, da er mir immer weh tat und Blut an meiner Hand herunterlaufen würde, was für mich ganz schlimm war. Bruno war der sanftmütigste der drei Hamster und schlief fast immer. Mit Boris konnte ich nicht viel anfangen, weil er so gemein war, und mit Bruno auch nicht, weil er größtenteils zusammengerollt in seinem kleinen Haus lag. Aber Chowdy war ein schönes Haustier. Ich liebte es, sie in alle meine Spiele einzubeziehen. Sie fuhr meine Formel-1-Autos oder meinen riesigen Müllwagen. Ich war intuitiv sanft zu ihr und sie wusste, dass ich ihr Freund war. Meine Mutter und mein Vater zeigten mir, wie ich mich um meine Hamster kümmern und dafür verantwortlich sein sollte, sie zu füttern und sauber zu halten. Obwohl ich Boris nicht besonders mochte und Bruno langweilig war, habe ich meine Verantwortung sehr ernst genommen. Für mich fühlte es sich gut an, für sie zu sorgen.

 Nach meiner Hamster-Zeit kaufte ich auf einem Jahrmarkt einen Goldfisch. Zuerst hatte ich keine Ahnung, wie ich mich um ihn kümmern sollte, aber ich muss etwas richtig gemacht haben, da Splash zehn Jahre alt wurde.

 Als ich zwölf Jahre alt war, bekam ich auch eine Rennmaus namens Bobby. Er war ein schnelles und intelligentes kleines Ding. Er stand immer auf den Hinterbeinen und flitzte in alle Richtungen. Du konntest nicht mit ihm mithalten. Ich hatte Angst, ihn festzuhalten, da er mir kleine Bisse gab, die mir wehtaten. Wie ich bereits erklärt habe, verstärkt meine Überempfindlichkeit meine Gefühle, einschließlich der Schmerzen. Er schaffte es, sich in unser Sofa hineinzukauen, sodass mein Vater ihn ständig herausholen musste. Meine Mutter arbeitete bereits von zu Hause aus, als wir Bobby bekamen, und er wurde ihr bester Kumpel. Es brach uns das Herz, als der Tierarzt ihn wegen einer Atemweginfektion einschläfern musste.

Zur gleichen Zeit wie Bobby bekamen wir zwei Meerschweinchen – Maxxie und Toffee. Maxxie war ein dominanter Charakter und schikanierte Toffee oft, wenn sie abends ihr Gemüse bekamen. Maxxie starb nach ein paar Jahren und Toffee schien in den Jahren, die ihm noch blieben, glücklicher zu sein. Ich hatte immer eine engere Verbindung zu Toffee, da er mir leidtat. Zu diesem Zeitpunkt wusste ich, wie es sich anfühlte, gemobbt zu werden. Aber dazu später mehr. Toffee und Splash waren meine letzten Haustiere. Da ich den Schmerz nicht ertragen konnte, als meine Haustiere starben, beschloss ich, keine weiteren zu haben.

**Hilfreiche Tipps aus Kapitel 3**

- Wenn ihre Unterschiede akzeptiert werden, fühlen sich autistische Kinder sicher und geliebt und es stärkt ihr Selbstvertrauen.
- Wenn man autistischen Kindern in jungen Jahren einzigartige Erfahrungen und Verantwortungen gibt, können diese Erinnerungen und Gefühle helfen, die schwierigen Zeiten zu überstehen, die ihnen im Erwachsenenalter bevorstehen.
- Offenheit über Autismus in der Familie hilft Geschwistern zu verstehen, warum ihr Bruder oder ihre Schwester manchmal mehr Aufmerksamkeit von ihren Eltern benötigt.

# KAPITEL 4
# FACHINTERESSEN UND GESPRÄCHE

Ich habe in Kapitel 2 kurz die Fachinteressen angesprochen und möchte hier dieses Thema näher erläutern.

Fachinteressen sind für Autisten spezielle Themen, die sie so faszinieren, dass sie sie stundenlang recherchieren und sämtliche Fakten aufnehmen. Fachinteressen müssen sich jedoch nicht nur auf einen Bereich konzentrieren. Wie gesagt, ist für mich, zum Beispiel, der Formel-1-Motorsport mein Spezialinteresse. Dennoch recherchiere ich auch gerne mit der gleichen Tiefe und Begeisterung über die Geschichte des Boxens, Fernsehsendungen, Reiseziele und Informationen zur persönlichen Entwicklung.

## GESPRÄCHE

Ich spreche oft mit meiner Familie und engen Freunden über meine Fachinteressen. Auf diese Weise kann ich bedeutungsvolle und interessante Gespräche führen. Allerdings achte ich immer darauf, meine Gesprächspartner nicht nur vollzulabern. Ich weiß, wie wichtig ein zweiseitiges Gespräch ist. Ich passe auf, dass ich meine Zuhörer engagiere, indem ich ihnen Fragen stelle und sie ermutige, aus ihrer Perspektive über das Thema zu sprechen. Bei Gesprächen mit Leuten, die mich nicht kennen, funktioniert das oft leider nicht. Ich habe schon früh beobachtet, dass die neurotypische Art der Konversation darin besteht, Small Talk über etwas in den Nachrichten, das Wetter oder Klatsch zu führen. Solche Gespräche sind für mich bedeutungslos und uninteressant. Die Leute neigen auch dazu, das Thema so schnell zu wechseln, dass ich aufgrund meiner langsameren Verarbeitungskapazität oft Schwierigkeiten habe, dem Gespräch zu folgen. Ich kann jedoch sehen, dass ich mit zunehmendem Alter immer besser mit diesem Problem umgehen kann. Entweder bin ich ehrlich und sage, dass es mir aufgrund meines Autismus schwerfällt, dem Gespräch zu folgen, oder ich lächle und nicke nur höflich, je nachdem, was meiner Meinung nach in der Situation angemessener ist. Ich versuche auch nicht mehr selbst Small Talk zu betreiben, um mich anzupassen. Das ist eine Form der Maskierung und brachte mich in der Vergangenheit dazu, meine wahre Persönlichkeit vor Menschen außerhalb meiner Familie oder meinem engen Freundeskreis zu verbergen. Oft sagte ich dann auch etwas Falsches, sodass die Leute dachten, ich sei dumm oder würde ihnen nicht zuhören. Ich habe auch akzeptiert, dass Gruppengespräche im Allgemeinen schwierig für mich sind, da ich mich oft frustriert und entmutigt danach fühle. Meine Beiträge zu solchen Diskussionen hinken aufgrund meiner langsamen Verarbeitung meist weit hinterher. Ich bekomme die eigenartigsten oder ungläubigsten Blicke, wenn ich etwas Belangloses sage oder das Thema, auf das ich mich beziehe, schon lange nicht mehr relevant ist. Das darauffolgende unangenehme Schweigen lässt mich an meiner Selbstidentität zweifeln und reduziert mein ohnehin geringes Selbstwertgefühl noch mehr. Ich fühle mich dann völlig isoliert und abgekämpft. Small-Talk-Gespräche haben für mich keinen Sinn und können mir große Ängste bereiten. Deshalb brauche ich viel länger als gewöhnlich, um Menschen zu vertrauen.

Anstatt mich einer Gruppensituation anzuschließen, versuche ich jetzt, wenn ich kann, sinnvolle Einzelgespräche zu führen. Mein bevorzugter Ansatz wäre es, ein Gesprächsthema vorab festzulegen, was mir helfen würde, eine Person besser kennenzulernen. Aber das ist natürlich in vielen Situationen unmöglich.

## FACHINTERESSEN

Autistische Menschen haben viele unterschiedliche Fachinteressen. Mein bester Freund, zum Beispiel, interessiert sich für Züge, Harry Potter und Game of Thrones. Ein anderer Freund interessiert sich für Fußball und die britischen Fußballstadien. Die Fachinteressen von Autisten sind meiner Meinung nach von entscheidender Bedeutung für ihre Persönlichkeit. Meine Freunde und ich kommen gut miteinander aus und haben gemeinsam Spaß, da sich unsere Interessen überschneiden.

Warum sind meine Fachinteressen so ein zentraler Bestandteil meiner Persönlichkeit? Um euch eine eindeutige Antwort zu geben, muss ich jedes Fachgebiet nach seiner Priorität und seinem Wert in meinem Leben vorstellen, und euch zeigen, wie es mich täglich motiviert.

### Formel-1-Motorsport

Lasst uns mit meinem Hauptinteresse anfangen. Der Anblick der bunten Autos, die sich schnell auf einer Rennstrecke bewegen, faszinierte mich schon als ich klein war. Ferrari war damals das dominierende Team und ich war von der leuchtend roten Farbe der Autos und des Rennteams fasziniert. Ich werde nie vergessen, wie ich als Vierjähriger beim Grand Prix von San Marino 2001 einen mini Ferrari-Rennoverall trug. Ich fühlte mich, als ob ich zum Ferrari-Team gehörte und dies entfachte meinen Traum, Rennfahrer zu werden.

Außerdem verspürte ich den Drang, alles über die Fahrer herauszufinden. Aufgrund meiner strukturierten Denkweise war ich natürlich auch von den Statistiken über die Weltmeister fasziniert. Ich habe stundenlang alle Daten gelesen und in mich aufgenommen, und kann auch heute noch alles über die Meisterschaftssieger von 1950 bis heute mühelos hervorrufen. Die Rennen im Fernsehen zu verfolgen, war für mich auch eine Form des Stimmings. Wie ich bereits erwähnt habe, ist Stimming ein sich wiederholendes Verhalten, das autistischen Menschen hilft sich zu entspannen und während eines Angstanfalls, Meltdowns oder Shutdowns zu beruhigen.[1] Mein Stimming besteht aus übermäßigem Fuchteln meiner Hände und dem Zusammenstoßen meiner Knie (beim Sitzen oder Liegen).

Der Formel-1-Motorsport hat mich ermutigt, meine Träume niemals aufzugeben, meine Talente zu entwickeln, über meinen eigenen Schatten zu springen und mich gegen Widrigkeiten zu wehren. Lewis Hamilton ist meine wichtigste Inspiration dafür, meine Träume nicht aufzugeben. Mit acht Jahren begann er mit dem Kartsport und es dauerte weitere vierzehn Jahre, bis er die Formel 1 erreichte. Ayrton Senna hingegen ist für mich die wichtigste Inspiration, um meine Talente zu entwickeln. Er dominierte die nassen Wetterbedingungen, demütigte seine Konkurrenz oft und hatte eine andersartige Persönlichkeit im Vergleich zu den anderen Fahrern. Er war zurückhaltend und introvertiert. Die Formel-1-Community verehrt ihn immer noch, sogar achtundzwanzig Jahre nach seinem Tod. Im Vergleich dazu waren Michael Schumachers unschlagbare Rekorde lange Zeit meine Hauptinspiration, um über meinen eigenen Schatten zu springen (Lewis Hamilton hält zurzeit die meisten Rekorde). Er verließ das Titel gekrönte Benetton Team und wechselte zu Ferrari, ein Team mit vielen Problemen. Es dauerte vier Jahre, bis das Projekt erfolgreich war, und Schumacher mit scheinbarer Leichtigkeit viele Rekorde brach. Ich werde Lewis Hamilton noch einmal erwähnen, da er ebenfalls meine Hauptinspiration für den Kampf gegen Widrigkeiten ist. Hamilton ist zurzeit immer noch der einzige schwarze Fahrer, der in der Formel 1 an den Start geht, und war oft Opfer rassistischer Beleidigungen. Die Väter anderer angehender Rennfahrer sagten ihm, dass er es wegen seiner Hautfarbe nicht schaffen würde. Jetzt ermutigt er aufstrebende Fahrer unterschiedlicher ethnischer Zugehörigkeit, die Karriereleiter hinaufzusteigen und in der Formel 1 anzutreten. Ich fand es auch immer toll, ihm dabei zuzusehen, wie er im Laufe der Jahre von ganz hinten im Feld Comebacks feierte, um Rennen zu gewinnen. Ich weiß genau, wie es sich anfühlt, niedergemacht zu werden und wie ein Stehaufmännchen gleich wieder hochzukommen. Das ist schon mein ganzes Leben lang so gewesen.

Wenn ich im Pub bin, freue ich mich darauf, meine Meinung zum aktuellen Stand der Formel 1 abzugeben, vergangene Vorfälle und die großartigsten Fahrer aller Zeiten zu diskutieren. Am glücklichsten bin ich, wenn ich Leute finde, die den Sport mögen, auch wenn wir nur über die Ereignisse des vorherigen oder die Erwartungen des nächsten Rennens sprechen können. Wenn ich niedergeschlagen bin, schaue ich mir auf YouTube regelmäßig Hommagen an meine Lieblingsfahrer an, um mich wieder aufzumuntern.

**Boxgeschichte**
Ich habe mich viel später erst auch für das Boxen

interessiert. Mein Vater erzählte mir, als wir Weihnachten in Deutschland waren, immer wieder von den Four Kings (vier ‚Königen') des Boxens – Sugar Ray Leonard, Marvelous Marvin Hagler, Thomas Hearns und Roberto Duran.

Der erste Kampf, den ich auf YouTube gesehen habe, war zwischen Sugar Ray Leonard und Marvelous Marvin Hagler. Es war der Lieblingskampf meines Vaters. Es faszinierte mich, wie Leonard durch den Ring tanzte und einige schnelle Angriffe ablieferte, um den furchterregenden, unschlagbaren Hagler zu besiegen. Das war schon fast kunstvoll. Es hat mich angespornt, die Kämpfe der anderen Four Kings auch anzuschauen, wozu auch der allererste Kampf zwischen Leonard und Roberto Duran zählte. Die beiden Boxer setzten in einem 15-Runden-Kampf alles aufs Spiel, ohne zu ermüden und zu Boden zu gehen. Beide Männer steckten unglaublich harte Schläge ein. Für mich war dies eine Metapher dafür, dass ich Rückschläge einstecken musste, die sich so schmerzhaft anfühlten wie diese Schläge, um Widrigkeiten in meinem eigenen Leben zu besiegen.

Das Zitat „Jeder hat einen Plan, bis er einen Schlag ins Gesicht bekommt" kommt mir hier in den Sinn. Ratet mal, wer das gesagt hat? Der „Eiserne" Mike Tyson. Als ich anfing, mich fürs Boxen zu interessieren, wusste ich gar nicht, wie gut Tyson in seinen besten Jahren war. Ich hatte den Film „Hangover" gesehen und dachte, er sei ein Schauspieler. Später erfuhr ich, dass Roberto Duran Tyson zum Boxen gebracht hatte, und Tyson inspirierte mich dann dazu, eine ähnlich unaufhaltsame Kraft zu entwickeln.

Als ich Tyson genauer anschaute, fielen mir zwei Dinge auf: Erstens, studierte er die Techniken früherer Kämpfer und seiner Gegner bis ins kleinste Detail, um seine Erstrunden-KO-Siege zu erringen, und zweitens, verstanden ihn nur wenige Menschen. Außerhalb seines engen Kreises wurde er ständig missverstanden. Einer der Menschen, die Tyson am besten verstand, war Cus D'Amato, sein Mentor. Die beiden sprachen hauptsächlich über die Kunst und Philosophie des Krieges. Cus riet Tyson, dass er einen spirituellen Krieger in sich haben müsse, um ein erfolgreicher Kämpfer zu werden. Ich wusste, dass auch ich diesen spirituellen Krieger in mir haben musste, um in einer neurotypischen Welt erfolgreich zu sein. Ich stelle mir gerne vor, wie ich meine Hindernisse schrittweise besiege, so wie Tyson es mit seinen ersten Gegnern gemacht hat. Ich schaue mir oft die Höhepunkte von Mike Tyson auf YouTube an, wenn ich eine Erinnerung an diesen spirituellen Krieger brauche.

Der Boxer Tyson Fury ist ebenfalls eine große Inspiration dafür, ein Krieger des Geistes zu sein. Ich kann mich gut mit seinen psychischen Gesundheitskämpfen identifizieren, besonders wenn er sagt: „Ich hatte das Gefühl, dass mit mir mein ganzes Leben lang etwas nicht stimmte." Ich weiß, dass ich in Kapitel 2 gesagt habe, dass das Wissen, dass ich Autismus habe, meiner geistigen Gesundheit geholfen hat. Allerdings hat das Anderssein in einer neurotypischen Welt mir oft das Gefühl gegeben, dass mit mir etwas nicht stimmt. Es hat meine negative Einstellung zum Leben verstärkt und ich hatte das Gefühl, minderwertig oder inkompetent zu sein. Wie ich bereits gesagt habe, hatte ich zumindest nicht die Qual, nicht zu wissen, warum ich anders bin. Es hätte schlimmer sein können. Weiterhin geben mir Geschichten wie Furys das Gefühl, nicht allein zu sein.

Boxen war für mich immer ein Sinnbild dafür, nach jedem Rückschlag wieder aufzustehen. Die schwere Arbeit, die ich leiste, um meine Ziele zu erreichen, stelle ich der geistigen und körperlichen Vorbereitung gleich, die ein Boxer zwölf Wochen vor einem Kampf leisten muss. Ich glaube, dieses Konzept passt auch auf jeden, der daran arbeitet, seine Träume wahr werden zu lassen. Ich richte mich immer nach Dr. Steve Marabolis Zitat „Walk the Talk: Die meisten Menschen

werden ihre Worte nur sagen, nur wenige werden ihren
Worten Taten folgen lassen; sei einer dieser wenigen."


**Fernsehshows**

Mit achtzehn/neunzehn fing ich an, mich für
Fernsehsendungen zu interessieren. Mein erster
Serienmarathon war „24" mit Kiefer Sutherland als Jack
Bauer. Die Action war so fesselnd, dass ich meinen Blick nicht
vom Bildschirm abwenden konnte. „Breaking Bad" war die
erste Fernsehserie, bei der es mir auffiel, wie sich die einzelnen
Charaktere entwickelten. Dann kam „Game of Thrones", eine
erstaunlich komplexe Geschichte, in der Autor George R.R.
Martin mehrere Handlungsstränge zusammenbrachte und
Außenseiter zu Helden machte. Ich fand das großartig. Sie war
auch die erste Fernsehsendung, die mich über die Struktur des
Geschichtenerzählens nachdenken ließ. Für meine
strukturierte Denkweise war das perfekt und inspirierte mich
sogar dazu, selbst anzufangen, einen Roman zu schreiben.
Allerdings kam ich schnell zu der Erkenntnis, dass ich zuerst
über meinen Autismus schreiben musste, bevor ich mich auf
komplexeres Geschichtenerzählen konzentrieren konnte. Aber
wenn ich Game of Thrones nicht gesehen hätte, hätte ich
dieses Buch wahrscheinlich nie geschrieben.


**Reisen**

Durch Pops habe ich mich schon früh für das Reisen
interessiert. In seinen jungen Jahren reiste er beruflich viel,
z. B., nach Mexiko, in die USA, nach Kanada und Pakistan.
Ich habe es geliebt, seinen Geschichten zuzuhören. Nan
verdrehte bei manchen Geschichten die Augen, da Pops
manchmal gerne alles etwas ausschmückte. Für mich war es
wichtiger, dass er eine gute Geschichte erzählen konnte und

seine Reisen um die Welt und Schilderungen anderer Kulturen faszinierten mich.

Da meine Eltern sehr reisefreudig sind, erlebte ich dann selbst auch einige Abenteuer an vielen interessanten Orten, wie eine abgelegene Blockhütte in Norwegen, steile Bergwanderungen in Österreich oder eine Autofahrt durch die USA bis an einen verrückten Ort wie Las Vegas. Diese Erfahrungen und Pops Geschichten haben mich dazu inspiriert, große Reisepläne zu haben, sobald ich finanziell dazu in der Lage bin. Ich habe auch immer davon geträumt, der Formel-1-Saison zu folgen und möglichst viele der Grand Prix zu besuchen. Die ersten Traum-Reiseziele, die mir so in den Sinn kommen, sind Neuseeland, Malaysia, Dubai und Südafrika. Wir haben Familienfreunde in Neuseeland, die gerne möchten, dass wir sie besuchen. Die „Herr der Ringe"-Trilogie wurde dort gedreht und die Landschaft in den Filmszenen ist spektakulär. Malaysia kommt mir sehr spirituell vor; eine Kultur, die mich anzieht, weil sie so beruhigend zu sein scheint. Ich wollte auch schon immer die hochmodernen Skylines von Dubai erleben. Und schließlich, Südafrika, ein Land, das mich fasziniert, da ich es kaum kenne. Allerdings werde ich nur dahin reisen, wenn ich weiß, wie ich der furchterregenden Black Mamba Schlange aus dem Weg gehen kann.

Das Thema Reisen ist auch ein gutes Gesprächsthema. Viele Menschen interessieren sich dafür, und es ist spannend zu hören, wie abenteuerlustig sie sind und wohin sie reisen würden, um der Realität zu entfliehen.

### Selbstentwicklung

Selbstentwicklung wurde ein Fachinteresse von mir, als die COVID-19-Pandemie ausbrach. Der Virus und all seine

Veränderungen verunsicherten mich und ich musste etwas Positives finden, auf das ich mich konzentrieren konnte.

Ich fing an, mir viele Selbstentwicklungsvideos anzusehen, um zu entdecken, wie ich selbstbewusster werden konnte. Ich wollte mein Verständnis der Körpersprache verbessern und herausfinden, was Kraft und Schwäche ausdrückt. Ich vermutete, dass meine steife Körpersprache dazu geführt hat, mich als unbeholfen und nicht sehr selbstbewusst darzustellen. Ich wollte auch meine Fähigkeit verbessern, Menschen zu beurteilen, um zu erkennen, wem ich vertrauen kann und wem nicht. Selbstentwicklung ist jetzt eine fortlaufende Aufgabe für mich. Sie hilft mir dabei, die für mich bisher rätselhaften Motivationen und Umgangsweisen von anderen Menschen zu verstehen. Ich habe dabei eine Schatztruhe mit Metaphern und Analogien gefunden, die ich jederzeit abrufen kann, wenn ich sie brauche.

Zusammenfassend kann ich sagen, dass die praktischen Übertragungen meiner Fachinteressen in meinem Leben, mir helfen meinen Orientierungssinn und mein Selbstvertrauen zu stärken. Meine Fachinteressen sind meine Hilfsmittel, um im Leben voranzukommen.

Klar, es ist frustrierend, wenn andere Leute kein Interesse an einem Gespräch über eines meiner Fachinteressen haben und auf Small Talk umschalten. Ich fühle mich dann oft unbedarft und einsam. Aber ich weiß auch, dass ich andere Menschen nicht kontrollieren kann. Stattdessen suche ich die Gesellschaft von Menschen, die ähnliche Interessen haben wie ich. Alles in allem haben mir meine Fachinteressen bei der Verwirklichung meiner Zukunftsvision und Träume enorm geholfen.

## Hilfreiche Tipps aus Kapitel 4

### Für Autisten

- Wenn ihr andere Menschen in eure Fachinteressen einbezieht, z. B., indem ihr ihnen Fragen zu ihren Ansichten stellt, könnt ihr sinnvolle Gespräche mit ihnen führen.
- Wenn ihr Menschen findet, die sich an euren Fachinteressen interessieren, werdet ihr deren Gesellschaft genießen können und euch wohlfühlen.
- Überlegt doch mal, wie eure Fachinteressen euch in eurem Leben unterstützen können.

### Für Neurotypische Menschen

- Tut das Fachwissen und die Fachgespräche von Autisten nicht als „nerdig" ab. Erkennt den Wert der Informationen darin, dass sie euch helfen können, eine gute Beziehung mit einem autistischen Verwandten oder Freund zu entwickeln.
- Verzichtet auf sogenannten Small Talk und versucht stattdessen ein sinnvolles Gespräch zu führen. Das könnte auch für euch überraschend befriedigend sein.

## KAPITEL 5
# DIE RICHTIGE SCHULE AUSWÄHLEN

Ich hatte die Gelegenheit, unsere örtliche Privatschule zu besuchen, und bin davon überzeugt, dass dies einen erheblichen Einfluss auf meine Entwicklung hatte. Ich besuchte einige örtliche Gymnasien an deren Tagen der offenen Tür und war besonders von den Naturwissenschafts- und IT-Laboren begeistert. Ich erinnere mich jedoch auch daran, wie eingeschüchtert und unwohl ich mich in den riesigen, unübersehbaren staatlichen Schulen gefühlt hatte. Ich ahnte, dass sie zu viele Schüler hätten, um alle kennenzulernen. Ich dachte: „Wie soll ich hier schnell neue Freunde finden? Wie leicht kann ich mich hier verirren und zu spät zum Unterricht kommen?" Diese Fragen gingen mir durch den Kopf und beängstigten mich. Unsere örtliche Privatschule dagegen befindet sich in historischen Gebäuden und liegt in einer Moravian Siedlung (Herrnhuter Brüdergemeinschaft) auf dem Land. Als ich dort den Tag der offenen Tür besuchte, gab mir die Schule sofort ein besonders beruhigendes Gefühl.

Als wir durch die verschiedenen Teile der Schule geführt wurden, flüsterte ich meiner Mutter ins Ohr: „Ich möchte hierher." Da es sich um eine gebührenpflichtige Schule handelte, mussten meine Eltern zunächst ein paar Zahlen durchrechnen und darum kämpfen, einen Teil der Finanzierung von der örtlichen Behörde zu bekommen (nicht so einfach, wie es sich anhört). Außerdem musste ich eine Aufnahmeprüfung ablegen und bestehen. Als das alles erledigt war, konnte ich dort anfangen.

Warum war die Schule für mich besonders geeignet? Sie war klein, mit etwa einem Drittel der Schüler als an den staatlichen Schulen. Sie befand sich in historischen Gebäuden mit Blick auf eine wunderschöne Landschaft und wirkte fast wie ein eigenes Dorf. Es gab eine Kirche und einen Golfplatz, was man wahrscheinlich nicht bei einer Schule erwarten würde. Der ganze Ort hatte eine solche Gemeinschaftsatmosphäre und jeder kannte jeden. Jede Abteilung befand sich in verschiedenen Gebäuden rund um das ‚Dorf', sodass jedes Klassenzimmer leicht zu erreichen war. Es gab eine eigene Lernabteilung für Menschen mit Autismus, Legasthenie, ADHS usw. Diese Schule zu besuchen, war eine der besten Entscheidungen für mich. Ich fühlte mich sicher und wusste, dass ich hier ganz einfach ich selbst sein und zum ersten Mal selbstbewusst sein konnte. Ich werde jetzt die Gründe auflisten, warum die Schule perfekt für mich war, ohne wie ein Lehrerliebling oder Anbiederer zu klingen.

## DIE GESCHICHTE DER SCHULE

Die Geschichte der Schule geht auf das Jahr 1753 zurück. Der Herrnhuter Nikolaus Zinzendorf versuchte, die Herrnhuter Kirche außerhalb Böhmens und seiner Heimat Sachsen zu verbreiten. Die Herrnhuter Brüdergemeinde kaufte 1744 das Gelände, auf dem sich die Schule befinden sollte.

Die Gründung der Kirche auf dem Gelände erfolgte jedoch erst 1749, und die Schule wurde vier Jahre später,

1753, eröffnet. Während dieser Zeit gab es in der Kirche Schlafgelegenheiten für die Schüler, wodurch die Schule zu einer Tages- und Internatsschule wurde. In unserer ersten Woche lernten wir die gesamte Geschichte der Schule kennen. Es gefiel mir, durch die alten Gebäude zu wandern und alles über ihre Vergangenheit zu erfahren. Ich fühlte mich sicher, da mir die Gebäude so vertraut waren.

Interessant ist auch, dass einige ehemalige Schüler Prominente wurden. Es hat mich fasziniert und ich war stolz darauf. Der erste bemerkenswerte Name war der ehemalige britische Premierminister Henry Asquith (1852–1928). Asquith führte Großbritannien und das britische Empire 1914 in den Ersten Weltkrieg. Der zweite bemerkenswerte Name war die Schauspielerin Dame Diana Rigg (1938–2020). Ihre Arbeit führte dazu, dass sie einen Primetime Emmy, 15 weitere Auszeichnungen und 21 Nominierungen aufweisen konnte. Sie trat in Fernsehserien und Filmen wie „The Avengers" (nicht in der Marvel-Version) und „007: Im Geheimdienst Ihrer Majestät" auf und hatte außerdem einen Gastauftritt in „Doctor Who". Allerdings kannte ich sie am besten aus ihrer Rolle als Olena Tyrell in Game of Thrones.

Weitere bemerkenswerte Namen waren:

- Cricketspieler, Major Booth (1886–1916)
- Architekt Benjamin La Trobe (1764–1820)
- Hymnist, Dichter und Herausgeber James Montgomery (1771–1854)
- Kanadischer Politiker Victor Quelch (1891–1975)
- Nobelpreisträger Sir Robert Robinson (1886–1975)
- Schriftsteller Frederic Shoberl (1775–1853)

- Suffragist, lebenslange Aktivistin und Organisatorin Elizabeth Clarke Wolstenholme Elmy (1833–1918)

Kommen euch einige dieser Namen bekannt vor? Unabhängig davon, ob sie euch bekannt sind oder nicht, könnt ihr sehen, dass diese Personen in vielen verschiedenen Berufen Erfolg hatten. Es ist ein Beweis dafür, wie sich die Schule um die Talente und Bedürfnisse jedes einzelnen Schülers kümmerte und darauf einging. Das gab mir das Selbstvertrauen, dass auch ich eines Tages ein erfolgreicher Mensch werden könnte.

## DAS OLD-SCHOOL GEFÜHL

Ein weiterer Grund, warum ich diese Schule besuchen wollte und mich dort so wohlfühlte, war ihr altmodisches Flair. Als ich 2008 dort anfing, hatten die meisten Lehrer eine ‚old-school' Persönlichkeit und Einstellung. Sie hatten einen trockenen Humor und sagten den Schülern genau, was sie von ihnen hielten, wenn sie aus der Reihe tanzten. Ich habe das sehr geschätzt, da es keine Unklarheiten gab. Uns wurde beigebracht, höflich zu sein, und wir nannten unsere Lehrer „Sir" und „Miss" und standen jedes Mal auf, wenn ein Erwachsener aufstand oder ins Klassenzimmer kam oder es verließ.

Im Laufe der Jahre haben die Entscheidungsträger die Schule allmählich modernisiert. Ich war immer noch gern dort, aber ich hatte das Gefühl, dass die Schule langsam den old-school Charakter verlor, den sie anfangs hatte.

Ich habe vor Kurzem ein paar meiner Freunde dorthin mitgenommen, da ich ihnen unbedingt die Schule mal zeigen wollte. Es hat sie umgehauen, dass ich meine Highschool-Zeit hier verbracht habe. Einer sagte, die Schule erinnere sie an die

Nachtwache aus Game of Thrones. Ich habe das als ein Kompliment angesehen.

## DAS GEMEINSCHAFTSGEFÜHL

Ich war an meinem ersten Tag ungeheuer nervös. Meine Mutter sagte, mein Gesicht sei so weiß wie ein Blatt Papier gewesen. Ich hatte damals das Gefühl, wieder bei null anzufangen, ohne jegliche Orientierung. Außerdem sagten mir meine Eltern, dass der Schulbesuch der Anfang sei, erwachsen zu werden und selbstständig zu denken. Ich war dazu noch nicht bereit. Vor meiner ersten Unterrichtsstunde, englische Literatur, zum Beispiel, verlief ich mich, als ich versuchte, mich mit meinem Plan in der Schule zurechtzufinden. Zum Glück war die Schule klein genug, dass mich jemand finden konnte. Als ich das Klassenzimmer betrat, waren alle anderen Schüler schon da. Was mir jedoch auffiel, war, dass wir nur 12 statt 30 oder 40 waren. Es fühlte sich eher so an, als wären wir eine Familie. Die Lehrer hatten mehr Möglichkeiten, auf die Bedürfnisse jedes einzelnen Schülers einzugehen. Zudem hatte ich das Gefühl, dass wir uns als Mitschüler gegenseitig dazu anspornen konnten, die Noten zu bekommen, die wir alle wollten. Wir waren in jedem Fach in denselben Kursen, was für uns eine enge Verbindung herstellte. Ich habe mich selbst übertroffen und hatte sogar eine Idee für eine Kurzgeschichte mit dem Titel „Die kugelsichere Katze" über eine Katze, die sich dadurch auszeichnete, dass sie unzerstörbar war. Mein Lehrer war von meiner Geschichte so beeindruckt, dass er mir an seinem letzten Tag (er ging am Ende des Schuljahres in den Ruhestand) ein Exemplar eines ähnlichen Romans schenkte, den er gefunden und für mich gekauft hatte.

Ich habe auch Schüler aus anderen Jahrgängen kennengelernt, vorwiegend aus den älteren Jahrgängen. Wir haben uns in den Korridoren gesehen und spielten in den gleichen Sportmannschaften. Ich bekam schnell ein paar Spitznamen („Cali G" oder „Gamble") und plauderte gern mit ihnen. Aufgrund meines Autismus wusste ich jedoch nicht, wie ich das Geplänkel interpretieren sollte. Das führte dazu, dass es mich oft verwirrte und ich nicht so daran teilnehmen konnte, wie ich es gern getan hätte. Geplänkel ist für mich immer noch verwirrend und hält mich oft davon ab, mich in einige Gruppen von Menschen einzufügen.

## AUSGEZEICHNETE LERNUNTERSTÜTZUNG

Einige meiner Musik- und Religionsunterrichtsstunden wurden durch zwei wöchentliche einstündige Sitzungen in der Learning-Support-Unit (LSU) ersetzt. Diese Sitzungen haben mir geholfen, den für mich besten Weg zum Lernen und zur Selbstvertrauensentwicklung zu finden. Sie waren so geplant, um es mir zu ermöglichen, den Lernstoff in meinen schwächsten Fächern verarbeiten und verstehen zu können. Diese Fächer waren Englisch und Mathematik. Im Englischunterricht habe ich gelernt, in Passagen aus Büchern, Zeitungen und Online-Artikeln „zwischen den Zeilen" zu lesen und meine Ideen in meinen schriftlichen Arbeiten effektiv zu kommunizieren. Außerdem habe ich gelernt, wie man am besten Summen berechnet und Algebra versteht. Der LSU-Unterricht erhöhte auch meine Chancen, meine Prüfungen zu bestehen und im Lern-Mittelfeld zu bleiben, anstatt eine Herabstufung zu erleiden.

Eine gute Anekdote ist, dass meine LSU-Lehrerin auch Robbie Williams (der Legastheniker ist) an einer anderen Schule unterrichtet hatte. Ich wusste also, dass ich in guten Händen war.

## SPORTUNTERRICHT

Ich kann meinen Sportunterricht nur als knallhart bezeichnen. Zweimal wöchentlich hatten wir eine Stunde Sport. Wir waren entweder in der Halle, wo wir Basketball und Badminton spielten und Gymnastik machten, oder draußen auf den Spielfeldern, wo wir Fußball, Rugby Union und Cricket spielten. Die Spielfelder befanden sich auf einem steilen und ungeschützten Hügel, wo es während unserer Fußball und Rugby Union Trainingseinheiten im Winter bitterkalt war. Wir trainierten im eisigen Wind, bei Hagel und starkem Regen oder Schnee. Manchmal hatten die Lehrer keine Wahl unter diesen Bedingungen und mussten den Sportunterricht in die Halle verlegen. Ich hoffte oft, dass wir drinnen sein würden, denn wenn der Wettergott die Herrschaft übernahm, war es für mich noch schwieriger, die Anweisungen meines Lehrers zu verarbeiten. Meine Sinne und Gefühle wurden vom schlechten Wetter so angegriffen, dass ich mehr Fehler machte und dann von meinen Teamkollegen angeschrien wurde. Mein Lehrer war zwar streng, aber auch bemerkenswert. Er hat uns alle an unsere Grenzen gebracht und uns motiviert, weiterzumachen. Es war das Verhalten meiner Teamkollegen mir gegenüber, das mich eingeschüchtert hat. Es war schade, dass meine langsame Verarbeitungskapazität mir den Spaß oft verdorben hat, aber wenn ich zurückblicke, bin ich froh, dass ich einen so guten Sportlehrer hatte; durch ihn bin ich stärker geworden und war fähig, mit den herausfordernden Situationen umzugehen, denen ich in der Zukunft begegnen würde.

## ANDERE ERFAHRUNGEN

Zum Abschluss dieses Kapitels möchte ich über meine Erfahrungen in den 7. bis 9. Klassen sprechen, um euch einen weiteren Einblick in meine Highschool-Zeit zu geben. Ich möchte euch neben den Sportstunden auch andere Situationen schildern, die mich aus meiner Komfortzone gebracht haben.

Die Schule verfügte über ein Nachsitz-System, das mich in der 7. Klasse einschüchterte. Es gab Nachsitzen in der Mittagspause, wenn Hausaufgaben nicht rechtzeitig abgegeben wurden oder wegen allgemeinem Fehlverhalten, und auch sogenannte Quads, und Nachsitzen wegen schwerem Fehlverhalten an einem Donnerstagabend. Ich wollte unbedingt ein Verhalten vermeiden, das mich in diese Situationen bringen könnte. Ich erinnere mich daran, dass mir diese Strafen damals wie einem Vorstrafenregister vorkamen. Es war beängstigend. Es kam ein- oder zweimal vor, dass ich etwas missverstanden hatte und der Lehrer sich über fällige Hausaufgaben beschwerte. Ich habe mich so geschämt und konnte fühlen, wie der Schweiß an meinem Gesicht herunterlief. Ich musste nicht nachsitzen, da die Lehrer wussten, dass ich Autist war und Aufgaben leicht missverstehen konnte, aber ich hatte jedes Mal Angst. Außerdem gefiel es mir nicht, wenn unsere Lehrer aus irgendeinem Grund weg waren und die anderen Schüler die Gelegenheit nutzten, herumzualbern, bis der Ersatzlehrer eintraf. Ich dachte: „Oh Gott, wenn der Ersatzlehrer hereinkommt und sieht, was los ist, bekommen wir alle einen ‚Quad' oder Donnerstagsnachsitzen." Ich kann mir gut vorstellen, dass euch das amüsiert (vor allem, wenn ihr einer meiner alten Klassenkameraden seid), da euch meine Ängste über dieses Nachsitz-System als kindisch vorkommen. Wenn ich jetzt zurückblicke, sehe ich natürlich, wie grundlos meine Angst war. Aber dies ist ein Beispiel dafür, wie meine gesteigerten Gefühle und Emotionen übertriebene Gedanken in meinem Kopf hervorrufen können. Ich habe dadurch aber auch Disziplin kennengelernt.

Die 8. Klasse war mehr oder weniger mit der 7. Klasse vergleichbar. Allerdings gab meine Mutter ihren Job auf und fing an, freiberuflich zu arbeiten. Das bedeutete, dass sie die Zeit hatte, sich um meine Schwester und mich zu kümmern und Nan und Pops zu entlasten. Gegen Ende des Schuljahres nahm ich an einer Sportreise nach Barcelona teil. Ich musste also meine Mutter, meinen Vater, meine Schwester und Nan und Pops zurücklassen, die Menschen, auf die ich mich am meisten verlassen konnte. Ohne sie zu einem Flughafen zu fahren, war so überwältigend für mich. Meine Mutter sagte, ich sah krank aus, als wir uns am Reisebus verabschiedeten. Unsere begleitenden Sportlehrer haben sich jedoch hervorragend um mich gekümmert, da sie von meinen Eltern über meine Angst in solchen Situationen Bescheid wussten. Und ich habe ihnen bereits vertraut, was auch geholfen hat.

Während der Reise ging mein Sportlehrer sogar noch einen Schritt weiter und rief meinen Vater an, um ihm zu sagen, dass es mir gut ginge. Es war eine Geste, für die meine Eltern und ich sehr dankbar waren. Es war das erste Mal, dass ich meine Komfortzone verlassen habe, ohne die Hilfe der Menschen, die mir am nächsten standen. Während der Reise war es mir sehr mulmig, aber hinterher war ich stolz.

Das 9. Schuljahr war das Vorbereitungsjahr für mein General Certificate of Secondary Education, auch GCSEs genannt (Mittlere Reife). Hierbei wählten wir die Fächer, die wir neben unseren Pflichtfächern, Englisch, Mathematik, Naturwissenschaften und Religionswissenschaft, studieren wollten. Ich erinnere mich noch gut daran, wie meine Lehrer in der 9. Klasse um unsere Beteiligung an bestimmten Fächern warben. Sie haben den GCSEs-Lehrplan fast verherrlicht. Es war fast so aufregend wie der Tag der offenen Tür, bevor ich in die 7. Klasse kam. Allerdings hatte ich durch die große Auswahl auch die Qual der Wahl. Mit Hilfe meiner Eltern und der LSU entschied ich mich für Betriebswirtschaft, IT, Geografie und Deutsch.

Zusammenfassend lässt sich sagen, dass mir das Umfeld und die Atmosphäre der Schule sehr geholfen haben, aber das Wichtigste war, dass ich das Glück hatte, auf die gleichen Ressourcen wie meine Mitschüler zugreifen zu können. Mein bester Freund befand sich aufgrund seines Autismus im Sonderunterricht an einer staatlichen Schule. Das Lernen dort trennte die Schüler mit sonderpädagogischem Förderbedarf von der regulären Bildung und bot nur einen begrenzten Lehrplan an. Ich wäre wahrscheinlich nicht auf die gleiche Weise auf die Probe gestellt und an meine Grenzen gebracht worden und hätte daher nicht den gleichen Ehrgeiz (und vielleicht auch die Fähigkeit) gehabt, zur Universität zu gehen, ein Unternehmen zu gründen und dieses Buch zu schreiben.

**Hilfreiche Tipps aus Kapitel 5**

- Mir ist klar, dass dies im Vereinigten Königreich nicht immer möglich ist, aber wenn ihr eine kleinere Highschool wählen könntet, an der sich jeder kennt, ist es wahrscheinlicher, dass ihr euch sicher fühlt und tiefe, bedeutungsvolle Beziehungen zu euren Lehrern und Mitschülern aufbaut.
- Wenn ihr euch sicher fühlt, ist es einfacher, eure wahre Persönlichkeit zu zeigen und Selbstvertrauen zu entwickeln.

- Scheut euch nicht, Lehrern Fragen zu stellen, wenn ihr euch bei einer bestimmten Aufgabe nicht sicher seid.
- Wählt eine Schule, die über eine eigene Abteilung zur Unterstützung autistischer Menschen verfügt. Schon in jungen Jahren erlernt ihr hier die wichtigen übertragbaren Fähigkeiten, die ihr für eure weitere Ausbildung und eure Karriere benötigt.

# KAPITEL 6
# MEINEN TRÄUMEN FOLGEN

Als ich 2012, gegen Ende der 10. Klasse, mal eine Pause vom Druck der Prüfungsvorbereitungen hatte, bewarb ich mich für zwei Wochen Berufserfahrung. Damals war es für Schüler noch üblich, in einem Bereich, der sie interessierte, Berufserfahrung zu sammeln, und meine Schule hat dies gefördert. Ich glaube, dass das mittlerweile leider ziemlich selten vorkommt. Es gab zu der Zeit Karriereabende an meiner Schule, bei denen wir die Gelegenheit hatten, mit Vertretern verschiedener Organisationen zu sprechen. Viele boten jedoch Bürojobs an, von denen ich wusste, dass sie mir keinen Spaß machen würden. Meine Eltern hatten die Idee, meinen Onkel, der für ein großes Unternehmen in Deutschland arbeitete, zu fragen, ob er dort etwas für mich arrangieren könnte, oder uns an einen Geschäftskontakt meiner Mutter zu wenden, der eine Medienagentur in Leeds leitete. Ich hatte jedoch noch eine weitere Idee.

## ARBEITSERFAHRUNG IN EINEM FORMEL-1-TEAM

Ich schickte Bewerbungsschreiben für ein Praktikum an alle Formel-1-Teams im Vereinigten Königreich und drückte die Daumen. Ich habe tatsächlich Antworten von fünf Teams erhalten: Red Bull, McLaren, Force India, Williams und Marussia. Drei der Teams gaben an, dass die Bewerber mindestens sechzehn Jahre alt sein müssten, und ich war zum Zeitpunkt des Schreibens erst vierzehn (fast fünfzehn). Force India lehnte meine Bewerbung aus dem gleichen Grund ab, war aber großzügig genug, mir unterschriebene Fotos ihrer damaligen Fahrer zu schicken – Nico Hülkenberg, Paul Di Resta und des nun verstorbenen Jules Bianchi (der in dieser Saison dort Testfahrer war). Ich habe keine Antworten von Ferrari, Sauber, Toro Rosso oder HRT erhalten. Doch dann, eines Samstagmorgens, kam meine Mutter mit einem Brief in mein Zimmer. Sie sah aufgeregt aus. Ich öffnete den Umschlag und sah, dass er vom Lotus Formel-1-Team (jetzt Alpine) kam. Mit meiner negativen Einstellung dachte ich: „Ok, eine weitere Ablehnung." Aber dann sah ich die Worte: „Hallo, Callum. Wir freuen uns, dir mitteilen zu können, dass deine Bewerbung erfolgreich war." Meine Eltern, meine Schwester und ich sprangen alle auf und ab wie kleine Kinder zu Weihnachten. Wir waren begeistert. Ich sollte im Juni ein einwöchiges Praktikum in der Fabrik des Lotus Formel-1-Teams in Enstone, in der Nähe von Oxford, absolvieren. Sie hatten sogar einen Zeitplan mitgeschickt, der die Berufserfahrung in jeder ihrer zentralen Abteilungen beschrieb. Ich hätte nie gedacht, dass ich eine Antwort bekommen würde. Mein Traum war in Erfüllung gegangen.

## Der Aufenthalt in Oxford und die Arbeit in der Fabrik

Meine Mutter und ich begaben uns an einem sonnigen Sonntagmorgen Ende Juni 2012 auf die dreistündige Fahrt von Leeds nach Oxford. Es war kurz nach meinem 15. Geburtstag.

Wir hatten einen einwöchigen Aufenthalt in einer gemütlichen Pension in Enstone gebucht, das von einem älteren Ehepaar geführt wurde. Die nahe gelegenen Cotswolds und die wunderschöne Landschaft umgaben die altmodischen Backsteingebäude im Dorf. Unser Zimmer war groß und hell, sodass ich mich sofort wohlfühlte. An diesem Nachmittag habe ich mir den inzwischen zum Klassiker gewordenen Grand Prix von Europa 2012 im Fernsehen angeschaut. Sebastian Vettel schied mit seinem Red Bull aus dem Rennen aus, was damals eine Seltenheit war. Beide Lotus-Fahrer, Kimi Räikkonen und Romain Grosjean, hatten die Chance, das Rennen zu gewinnen. Ich hatte das Gefühl, bereits Teil ihres Teams zu sein. Am Ende haben sie nicht gewonnen und Grosjean schied sogar aus dem Rennen aus, aber das Team-Gefühl war bei mir hängengeblieben. Der nächste Morgen war mein erster Tag. Ich war so nervös, weil dies eine große Sache für mich war und meine Grenzen getestet wurden, aber die freudige Erregung besiegte meine Angst. Beim Frühstück verwöhnte Margaret, die Pension-Besitzerin, mich - ein bisschen wie Nan. Dadurch fühlte ich mich sicher und ruhig, bevor wir uns auf den Weg machten. Die Fabrik liegt mitten auf dem Land, versteckt hinter einigen Wäldern. Wir hätten die Einfahrt fast verpasst, da wir die Tore erst im letzten Moment sahen. Wir waren hier. Die Ankunft an der Rezeption war schon ein Erlebnis. Überall standen Trophäen und ein echtes Formel-1-Auto hing von der Decke. Die Dame an der Rezeption war freundlich und fragte nach meinem Namen, bevor sie mich bat, auf den Manager des Aero Design-Teams zu warten. Er würde mich mit in seine Abteilung nehmen, wo ich meinen ersten Tag verbringen sollte. Nachdem er mich an der Rezeption begrüßt und wir uns von meiner Mutter verabschiedet hatten, führte er mich durch die ganze Fabrik. Er zeigte mir die anderen drei Abteilungen, wo ich nach dem Aero Design den Rest der Woche verbringen würde: die Modellbau-Abteilung, Fertigungsabteilung und Montage- und Testabteilung. Das war perfekt, da es mir einen Eindruck von den Räumlichkeiten und dem, was mich erwarten würde, vermittelte. Es hat mir geholfen, mich in der Fabrik vertraut und sicher zu fühlen.

### Der erste Tag: Aero-Design

Falls hier ein Produktdesigner unter den Lesern ist, dann kann ich das Arbeiten in der Aero-Design-Abteilung hoch empfehlen. Das Aero Design Team entwarf und übergab die 3D-Modelle an die Modellwerkstatt und die Fertigungsabteilungen, wo die entworfenen Teile gebaut wurden.

Ich hatte die Aufgabe, mithilfe einer 3D-Software einen aerodynamischen Frontflügel zu erstellen. Dabei habe ich einen Tag lang Erfahrungen in der 3D-Modellierung gesammelt. Ich verbrachte den größten Teil des Tages mit dem Manager und einem anderen Designer, mit denen ich über den 2012 europäischen Grand Prix in der Mittagspause gefachsimpelt habe. Wir bedauerten gemeinsam das Pech, dass Grosjean aus dem Rennen hatte ausscheiden müssen. Ich wurde dann auch den beiden Managern vorgestellt, die die Gesamtverantwortung für mich trugen und meinen Zeitplan in der Fabrik festgelegt hatten. Sie waren sehr freundlich und dazu entschlossen, mir eine tolle Zeit zu bieten.

## Der zweite und dritte Tag: Modellbau

Die Modellbau-Abteilung baute die vom Aero Design-Team geschickten Kohlefaser-Teile und Außenteile.

Ich habe hier zwei Tage verbracht und eine Frontflügel-Endplatte erstellt, die ich jetzt noch zu Hause habe. Der Mann, mit dem ich die beiden Tage gearbeitet habe, war ein stolzer ‚Evertonianer'. Er unterhielt sich gerne und erzählte mir von seiner Familie in Liverpool und dem Everton Fußballclub. Er war auch ein ‚old-school' Mensch, was für mich ideal war. Ich reagiere am besten auf Leute, die die Dinge so sagen, wie sie sind, schwarz auf weiß. Es hilft mir, den Kontext von Anweisungen zu verstehen.

## Der vierte Tag: Fertigung

Die Fertigungsabteilung baute die von der Kohlefaser-Außenhülle umgebenen Teile. Zu diesen Teilen gehörten Motor, Getriebe, Auspuffanlagen, Kolben und Kühler. Hier erledigten die Maschinen die meiste Arbeit und es war laut.

Ich arbeitete hier mit ein paar Mitarbeitern, die mir zeigten, wie die Maschinen funktionieren, damit ich eine Metallplattform, die einen Auspuff hielt, bauen konnte. Es war ein weiteres Souvenir, das ich mit nach Hause nehmen würde. Der Auspuff stammte von einem der Formel-1-Wagen aus der vorherigen Saison. Ich erinnere mich, dass diese Abteilung eine eher burschikose Atmosphäre mit viel Frotzelei und Insider-Witzen hatte. Frotzelei und Insider-Witze können für mich ebenso schwierig zu verstehen sein wie non-verbale Kommunikation. Ich hatte Angst, dass die Mitarbeiter mich nicht ernst nahmen und es war deshalb schwieriger für mich ihnen zu vertrauen. Ich fühlte mich an diesem Tag sehr unwohl, da ich allein gelassen wurde und jemanden anstupsen musste, um eine Frage zu stellen. Natürlich hatte ich Angst, Fragen zu stellen, und machte einige Fehler.

## Der fünfte Tag: Montage- und Testabteilung und Tour von Erinnerungsstücken

Der letzte Tag war der Höhepunkt der Woche. In der Montageabteilung wurde die Qualitätssicherung ausgeführt. Die gefertigten Teile wurden getestet, um zu sehen, wie gut sie für das kommende Rennwochenende funktionierten.

Ich habe tatsächlich bei Fernando Alonsos Meisterschaftslenkrad das Getriebe hoch- und runtergeschaltet. Es war einfach der Wahnsinn, da ich Alonso mit diesem Lenkrad bei Rennen auf YouTube schon gesehen hatte. Ich konnte gar nicht glauben, wie groß es war und wie viele verschiedene Knöpfe es hatte. Es fühlte sich so gut an in meinen Händen. Einer der Mitarbeiter sagte dann auch, dass sie das aktuelle Lenkrad von Kimi Räikkönen da hätten. Er brachte es zu mir und ich hielt es in meinen Händen. Es war viel kleiner als das Lenkrad, mit dem ich die Tests durchführte, aber selbst die Handgriffe fühlten sich so opulent und teuer an. Ich wollte das Lenkrad küssen, bevor ich es zurückgeben musste. Es halten zu können, war einfach großartig. Zudem bekam ich von den beiden Abteilungsmanagern einen ausführlicheren Rundgang durch die gesamte Fabrik und traf den damaligen technischen Direktor James Allison. Er ist derzeit eine der treibenden Kräfte hinter dem Erfolg des Mercedes-AMG Petronas Formel-1-Team. Ich wusste damals nicht, wer er war, aber er war sehr freundlich und ich unterhielt mich gut mit ihm.

Da es mein letzter Tag war, kam meine Mutter am Ende des Tages zur Fabrik. Wir unterhielten uns mit einem der Manager, der gerne mein Feedback zur Arbeitserfahrung der

Woche hören wollte. Wir bekamen auch einen Rundgang
durch die Abteilung für Erinnerungsstücke. Hier wurden
Michael Schumachers 1993er und die Meisterschaft
gewinnenden Benetton-Autos von 1995 sowie Fernando
Alonsos Renault-Auto von 2005 ausgestellt. Meine Mutter
hat mich neben ihnen fotografiert. Die Autos sahen viel
kleiner aus, als ich sie in alten Rennen auf YouTube gesehen
hatte. Ich dachte: „Wie kann ein Mensch bloß diese Autos
fahren? Wie kommt es, dass die Rennwagen so schnell fahren
können, wenn sie so schwer aussehen?"

Ich bin den beiden Managern, die dafür gesorgt haben, dass
ich eine unvergessliche Zeit beim Lotus-Formel-1-Team hatte,
immer noch so dankbar. Meine Mutter und ich haben auch
immer noch Kontakt mit ihnen. Die Woche war für mich ein
einmaliges Erlebnis und gab mir den Glauben, dass ich alles
erreichen könnte, was ich wollte, sobald ich es in die Tat
umsetzen würde.

## BERUFSERFAHRUNG IN EINER MEDIENAGENTUR

Bevor ich nach Enstone fuhr, hatte ich schon geplant, noch
eine Woche bei einer Medienagentur in Leeds zu verbringen,
die einem Kontakt meiner Mutter gehört. Diese Woche war
für meinen weiteren Karriereweg fast genauso entscheidend,
wie die Erfahrung bei dem Lotus-Formel-1-Team (es war
natürlich nicht so einzigartig, da Formel 1 meine Leidenschaft
ist). Ich habe dort Adobe Photoshop und Illustrator
kennengelernt, zwei Softwareprogramme, auf die ich mich
jetzt in meinem Unternehmen verlasse. Ich wurde zunächst in
die Gestaltung von Broschüren eingeführt und es gefiel mir,
mit den Überblendungen in Photoshop zu experimentieren

und den Text zu verschieben, um ansprechende Layouts zu erstellen. Ich erzählte meinen Kollegen von meinen Erfahrungen beim Lotus-Formel-1-Team. Sie schlugen vor, einen Formel-1-Blog mit WordPress (einem bekannten Content-Management-System für Websites) einzurichten. Ich wusste damals noch nichts über das Erstellen von Websites, also hat der Web-Entwickler es zunächst für mich eingerichtet, wofür ich dankbar war. Ich konnte mir dann kreative Ideen für Blog Beiträge über die Geschichte der Formel 1 ausdenken und machte mich an die Arbeit. Am Ende erhielt ich großartiges Feedback für meine ersten Blogging-Bemühungen, sogar von meinen beiden Freunden im Lotus-Formel-1-Team.

Allerdings fehlten mir jegliche Kenntnisse über die Vermarktung meines Blogs, was meine Leserschaft einschränkte. Ich habe Geschäftskarten drucken lassen und gab sie an alle aus, die mir zu dem Zeitpunkt über den Weg liefen. Ich hätte nie gedacht, dass ich meine Berufserfahrung im 10. Schuljahr in einer Formel-1-Umgebung verbringen und gleichzeitig einen Blog einrichten würde. Was für ein Resultat!

## SILVERSTONE BESUCH

Ein Jahr nach meinem Praktikum und als Geschenk zu meinem 16. Geburtstag luden unsere Kontakte vom Lotus-Formel-1-Team meine Mutter und mich nach Silverstone ein. Wir konnten dort den Aufbau für den Grand Prix von Großbritannien 2013 miterleben, und wurden danach zu einem weiteren Besuch der Fabrik in Enstone mitgenommen. Dies war eine großartige Gelegenheit zum Bloggen. Ich habe einen Feature-Beitrag erstellt, in dem ich einige Mitglieder des Lotus-Formel-1-Teams interviewt habe, vom Reifenwechsel Team bis zum Chefmechaniker von Kimi Räikkönen (den ich heute noch im Fernsehen sehe). Wir wurden in das Wohnmobil des Teams zum Mittagessen eingeladen und spazierten durch das Fahrerlager. Wir machten Fotos neben den Wohnmobilen der anderen Teams und auch einen Rundgang durch die Garage, um zu sehen, wo die Mechaniker vor einem Qualifying oder Rennen an den Rennwagen arbeiteten. Ich durfte mir die Pit Wall anschauen, wo Eric Bouiller, James Allison und Co. während des Rennens saßen. Ich erinnere mich, dass ich dachte, wie viel größer die Pit Lane war, als sie im Fernsehen aussah.

Beim eigentlichen Silverstone-Rennen in dem Jahr hatte Lewis Hamilton im Mercedes einen Reifenschaden und der bislang unaufhaltsame Sebastian Vettel im Red Bull musste ausscheiden. Ich muss Vettel wohl Unglück gebracht haben, da er im Vorjahr, als ich mein Praktikum machte, ebenfalls aus dem Rennen schied. Dadurch konnte Kimi Räikkönen den 5. Platz belegen, was dem Team zehn saubere Punkte einbrachte.

## KÖNNTE ICH EIN FORMEL-1-FAHRER WERDEN?

Inspiriert vom Erfolg meiner Arbeitserfahrung im Formel-1-Werk fragte ich mich im Juli 2012: „Könnte ich Formel-1-Fahrer werden?" Ich musste es herausfinden. Nachdem ich nach Möglichkeiten für junge Fahrer gesucht hatte, stieß ich auf den Ginetta Junior Race Program Test Day. Ich fuhr mit meiner Mutter, meinem Vater und meiner Schwester zur Bedford Autodrome Rennstrecke. Dort trafen wir viele ambitionierte junge Rennfahrer, darunter Josh Hill, den Sohn des Weltmeisters Damon von 1996, und Jamie Chadwick, die mittlerweile zweifacher Champion in der W-Serie (die gleiche Chancen für Frauen in der Formel 1 bietet) und eine Williams-Formel-1-Entwicklungsfahrerin ist. Der Ginetta Junior Race Test Day sollte jungen Fahrern ermöglichen, herauszufinden, ob sie das Potenzial für die Teilnahme an der Juniorenmeisterschaft 2013 haben. Wir fuhren drei Runden auf der Rennstrecke mit einem Instruktor auf dem Beifahrersitz. Eine der Voraussetzungen an der Teilnahme war, dass man fahren konnte. Also gab mir meine Mutter etwa zwei Wochen vor der Veranstaltung Fahrstunden in ihrem Auto auf örtlichen Privatstraßen. Die Rennwagen waren etwas anders als der Käfer meiner Mutter. Sie hatten ein sequentielles Getriebe, das heißt, man zog den Hebel zu sich heran, um hochzuschalten, und nach unten, um herunterzuschalten. Ich fand dieses Konzept verwirrend und schaltete ein paar Mal hoch, wo ich hätte herunterschalten sollen, wie vor einer Kurve. Der Motor heulte auf und ein Feuer kam aus dem Auspuff, als ich in Kurve fuhr. Wir kommunizierten mit den Instruktoren über ein Headset-System, das in unseren Ohren saß. Der Instruktor, den ich für meinen ersten und dritten Lauf hatte, schrie mich an und schnappte sich den Schalthebel. Wie ihr euch vorstellen könnt, fühlte ich mich überfordert und hatte keine Chance, mein Bestes zu geben. Bei meinem zweiten Lauf hatte ich einen viel ruhigeren Instruktor. Das machte sofort einen Unterschied und ich fuhr viel schneller. Allerdings fing es auf dieser Fahrt an zu regnen und ich hatte mit der Lenkung zu kämpfen. Die Strecke wurde zunehmend rutschiger und in der letzten Kurve drehte sich mein Rennwagen im Kreisel. Für mich fühlte sich das seltsam normal an. Ich hatte auf YouTube so viele Formel-1-Fahrer gesehen, die sich im Nassen drehten. Ich hatte beobachtet, dass sie das Lenkrad in die entgegengesetzte Richtung drehten und tat instinktiv dasselbe. Mein Wagen drehte sich um 360 Grad und zeigte danach in die richtige Richtung. Also fuhr ich einfach weiter. Mein Instruktor war sprachlos und die Zuschauer jubelten. Es war so aufregend und obwohl ich die Erfahrung genossen habe, musste ich doch zugeben, dass der Rennsport nicht mein zukünftiger Karriereweg war. Es waren zu viele junge Fahrer da, die viel besser waren als ich, und ich spürte, dass der Rennsport nicht zu mir passte. Ich bin jedoch froh, dass ich diese Erfahrung gemacht habe, da ich zumindest versucht habe, meinen Traum zu verwirklichen. Stattdessen beschloss ich, in meinem Formel-1-Blog über den Rennsport zu schreiben. Ich wollte in allem, was ich tat, der Beste sein, und diese Erfahrung gab mir den Antrieb, weiterhin nach der passenden Zukunft für mich zu suchen. Als das Schuljahr im September wieder begann und ich in die 11. Klasse und in meine GCSEs ging, fühlte ich mich motivierter als je zuvor.

Ich hoffe, dieses Kapitel hat euch gezeigt, dass ihr eure Träume verwirklichen könnt, wenn ihr darauf hinarbeitet und irgendwo mal anfangt. Meine Erfahrung hier hat den Grundstein dafür gelegt, immer zu versuchen meine Träume zu verwirklichen.

### Hilfreiche Tipps aus Kapitel 6

- Wer nicht fragt, bekommt nichts. Ihr müsst handeln, um eure Träume zu verwirklichen. Und wenn es beim ersten Mal nicht funktioniert, versucht es erneut.
- Wenn ihr irgendwo anfangt, werden sich unerwartete Chancen ergeben.

# KAPITEL 7
# SCHULPRÜFUNGEN

Prüfungen haben bei mir immer Phasen großer Angst hervorgerufen. Ich finde, es ist wichtig, euch zu schildern, wie ich mit Prüfungen zurechtkam, und wie ich von einigen Lehrern unterschätzt wurde. Dieses Kapitel ist auch ein anschauliches Beispiel dafür, wie ich meine Fachinteressen zu meinem Vorteil genutzt habe.

## MEINE GCSES

Die 11. Klasse fühlte sich von Anfang an viel überschaubarer an als die 10. Klasse. Obwohl ich in einer der ersten Sportstunden von der Tretmühle fiel, habe ich in den Betriebswirtschaftslehre-Klassen schnell festen Fuß gefasst. Im Vorjahr musste ich mich stärker darauf konzentrieren, mich mit den Pflichtfächern wie Englisch, Mathematik und den Naturwissenschaften auseinanderzusetzen, und es dauerte ein ganzes Jahr, bis ich die Veränderungen in den Klassen 9 und 10 überwunden hatte. Zu Beginn der 11. Klasse hatte ich das Gefühl, dass ich endlich den nötigen Freiraum hatte, um mich auf die von mir gewählten Fächer zu konzentrieren, wie Betriebswirtschaftslehre (BWL).

Ich kann mich noch gut an meine erste BWL-Klasse erinnern, in der wir uns verschiedene Logos bekannter Marken angesehen haben. Das hat mich sofort gefesselt und ich habe jedes Logo bis ins kleinste Detail analysiert. Die Designkonzepte faszinierten mich und inspirierten mich, Logos für fiktive Unternehmen zu entwerfen. Hier begann mein Interesse am Grafikdesign.

Meine Englischkurse, die Literatur und Sprache umfassten, waren immer noch herausfordernd. Für die Literatur zum Beispiel ging es in der Kursarbeit darum, eine Story-Passage aus einer anderen Perspektive der Charaktere zu schreiben. Ich hatte zunächst Schwierigkeiten mit dieser Aufgabe, da sie für mein autistisches Gehirn zu abstrakt war. Wie sollte ich denn nachvollziehen, was andere dachten? Es war harte Arbeit, mich mit dieser Aufgabe vertraut zu machen, und erforderte viel Geduld von meiner Mutter, die mir die Aufgabe erklärte und mich ermutigte, anzufangen und dann weiterzumachen. In der Prüfung musste ich eine Textpassage analysieren. Meine langsamere Verarbeitungskapazität führte zu zwei Problemen. Ich hatte Schwierigkeiten, den Auszug und dann auch noch die darauffolgende Frage zu lesen. Die Wörter begannen über die Seite zu ‚schwimmen'. Mein Gehirn konnte ihnen nicht schnell genug folgen, um sie als sinnvolle Sätze aufzunehmen. Ich musste die Zähne zusammenbeißen und auf das Beste hoffen. Der Englischkurs verlief ähnlich, außer dass ich für meine Kursarbeit einen Zeitungsartikel schreiben und für meine Prüfung einen Artikel analysieren musste. Dies war etwas einfacher, da es sich hierbei nicht um fiktionale Texte handelte.

In der Mathematik belegte ich den Grundkurs statt des höheren Kursus, damit ich die besten verfügbaren Noten bekommen konnte. Die Benotung hier beschränkte sich jedoch auf die Note C (befriedigend) als bestes Ergebnis. Ich wusste dadurch allerdings nie, ob ich vielleicht doch eine bessere Note hätte erreichen können. Viel mehr Spaß hatte ich in Physik, Chemie und Biologie. Ich konnte einigen anderen Schülern bei den Experimenten helfen, was meinem Selbstwertgefühl gutgetan hat. In den Prüfungsvorbereitungen hat mir die LSU geholfen, die Bedeutung einer Frage aufzuschlüsseln. Wir haben das Befehlswort (z. B. beschreiben, erklären und beurteilen) und andere Wörter unterstrichen, die den Kontext beschrieben. Danach fühlte ich mich für die Prüfungen besser gewappnet.

Soweit ich mich erinnere, hatte ich für jedes Fach zwei Zwischenprüfungen – eine im Januar und die andere im Mai. Im Januar hatte ich eine Geografieprüfung, die ich nicht bestanden habe. Das hat mein Selbstvertrauen ganz schön angeknackst. Als ich die Arbeit jedoch im Mai erneut abschloss, habe ich die Prüfung mit Bravour bestanden und die Note A* (sehr gut +) erhalten.

Um mich dann auf meine Abschlussprüfungen vorzubereiten, habe ich mir die Formel-1-Qualifikationsrunden der Saisons 2004 und 2005 angesehen. Die Qualifikationsregeln waren damals anders. Jeder Fahrer hatte eine Runde Zeit, um die Zeit zu erreichen, die ihn im eigentlichen Rennen hoffentlich an die Spitze der Startaufstellung bringen würde. Ich hatte das Gefühl, dass es die perfekte Analogie für meine Prüfungen war. Man hatte die Chance, innerhalb eines bestimmten Zeitlimits erfolgreich zu sein. Es hat mich dazu gebracht, meinen Rhythmus für die Prüfungen zu finden. Dieser Ansatz schien zu funktionieren. Am GCSEs-Ergebnistag erfuhr ich, dass ich neun B-Noten und zwei C-Noten erreicht hatte. Zu Beginn des 10. Schuljahres hätte ich nicht im Traum daran gedacht, diese Ergebnisse zu erzielen. Mein neu entdeckter, strukturierter

Ansatz hatte mich hier gerettet. Ich fühlte mich wie ein Held. Überdies hatten mich meine Berufserfahrung in der 10. Klasse und der Ginetta Testtag dazu inspiriert, immer zu versuchen, meine Erwartungen zu übertreffen.

## MEINE A-LEVELS (ABITUR)

Für meine Advanced Level Qualifications, A-Levels, (die sich über einen Zeitraum von zwei Jahren erstrecken), wechselte ich in die Sixth Form (Oberstufe) meiner Schule. Ich war nervös, beschloss aber auch, nach meinen Schwierigkeiten zu Beginn der 10. Klasse dieses Mal entspannt zu bleiben. Die Wahlfächer, die ich für meine A-Levels wählte, waren Betriebswirtschaftslehre (BWL), Medienwissenschaft und ein kombinierter Kurs für englische Literatur und Sprache. Da ich bereits meine Leidenschaft für BWL erwähnt habe, werde ich nicht näher darauf eingehen, warum ich mich für dieses Fach entschieden habe. Die Gestaltung von Websites und Zeitschriftencovern im Medienwissenschafts-Kurs waren für mich ideal. Ich entschied mich für englische Literatur und Sprache, um meine Schreibfähigkeiten für meinen Formel-1-Blog zu verbessern.

Obwohl ich mit den Auswirkungen der Veränderungen gerechnet hatte, war der Beginn meines Abiturs immer noch schwierig und ich litt darunter. Die Arbeitsbelastung war noch größer als in meinen GCSEs, und ich hatte Mühe, damit klarzukommen. Ich hatte das Gefühl, dass ich zurück auf ‚null' gesetzt worden war. Um euch ein Beispiel zu geben: In Medienwissenschaften bestand die erste Hausaufgabe darin, einen Aufsatz über eine Fernsehwerbung zu schreiben. Meine Lehrerin bewertete meine Arbeit mit der Note D, da ich ihre Anweisungen missverstanden hatte. Anstelle von konstruktiver Kritik konzentrierte sie sich auf alle negativen Punkte und erwähnte die positiven Aspekte meiner Arbeit gar nicht. Ich hatte hart an diesem Aufsatz gearbeitet und ihn pünktlich abgegeben. Als ich meiner Mutter von der Reaktion der Lehrerin erzählte, war sie sehr unzufrieden darüber, wie die Lehrerin mit der Situation umgegangen war. Sie arrangierte einen Telefonanruf mit ihr, um die Umstände besser zu verstehen. Die Lehrerin bestand darauf, dass eine Note C für mich das beste Kursergebnis sein würde und eine höhere Note eine zu große Herausforderung für mich wäre. Das war besonders schockierend, da sie mich noch nie zuvor unterrichtet hatte und gar nicht wusste, wozu ich fähig war. Auf Anfrage meiner Mutter gab sie dann auch zu, dass sie noch nie zuvor einen autistischen Schüler unterrichtet hatte. Zum Glück verließ sie die Schule bald und der nächste Lehrer hatte mich bereits in den Vorjahren unterrichtet und wusste, was ich erreichen konnte.

Wenn ich jetzt zurückblicke, denke ich, dass ich Glück hatte, dass die erste Lehrerin mich nicht weiterhin unterrichtet hat.

In meinem Englischkurs passierte dann ein weiteres Missgeschick. Ich hatte bereits die ersten 1000 Wörter eines Aufsatzes geschrieben, als ich feststellte, dass ich die Anweisungen des Lehrers erneut völlig missverstanden hatte. Ich musste den Aufsatz noch einmal ganz umschreiben. Die Versuchung aufzugeben war so groß, aber ich zwang mich, positiv zu denken. Es war das erste Mal, dass ich diese Mentalität anwandte, anstatt Selbstmitleid zu empfinden. Außerdem hat der Lehrer mir genau gezeigt, wo die Fehler lagen, damit ich sie nicht wiederholte. Sein konstruktives Feedback hat mir sehr geholfen. Ich habe den Aufsatz umgeschrieben und am Ende eine gute Note dafür bekommen. Dieser Lehrer war von meiner positiven Einstellung so beeindruckt, dass er meinen Eltern eine E-Mail schrieb. Er schilderte ihnen, wie gut ich sein Feedback angenommen und es zur Verbesserung meiner Arbeit genutzt hatte. Das motivierte mich, diese Denkweise bei all meinen zukünftigen Arbeiten anzuwenden. Ich hatte zwar viel von meinen Rückschlägen gelernt, war aber immer noch über die enorme Arbeitsbelastung in der Oberstufe und meinen gesellschaftlichen Umgang im Allgemeinen besorgt.

Mein Leben fühlte sich wie ein Fließband endloser Probleme an. Letztendlich sprach ich über die Bewältigung der Arbeitsbelastung mit der Leiterin der Oberstufe, die auch meine BWL-Lehrerin war. Mir war bewusst geworden, dass meine strukturierte Denkweise allein nicht ausreichte, um mich durch die Oberstufe zu navigieren, und ich Hilfe brauchte. Die Leiterin der Oberstufe war ein sehr ruhiger Mensch. Sie sprach so positiv über die Situation und hat mich ermutigt, anders zu denken. Sie half mir, einen Stundenplan zu erstellen, um jedem Fach eine bestimmte Zeitspanne für die Kursarbeiten zuzuweisen. Dies hat gut in meine strukturierte Vorgehensweise gepasst und brachte mich wieder auf den richtigen Weg. Über den kläglichen Zustand meines gesellschaftlichen Umgangs und meine Schwierigkeiten, Beziehungen zu Gleichaltrigen aufzubauen, sprach ich mit dem Oberstufenmentor. Ich habe mich gut mit ihm verstanden, da er seine eigenen Erfahrungen mit mir teilte und sich auch für Sport interessierte. Herauszufinden, dass jemand, zu dem ich aufschaute, ähnliche Probleme überwunden hatte, gab mir das Selbstvertrauen, meine Beziehungen zu meinen Schulkameraden zu verbessern. Das kam auch zum richtigen Zeitpunkt, da ich meine Schulkameraden für meine Studienarbeit in Medienwissenschaften brauchte. Wir mussten einen kurzen Film produzieren über ein Thema, das uns interessierte. Ich entschied mich für einen Beitrag zum Thema „Top Gear" (ein britisches BBC-Automagazin), in dem ich populäre Kleinwagenmodelle und ein Rallye-Auto begutachtete. Ich nannte den Beitrag „Boy Racer" und musste zwei Schüler aus einem Schuljahr über mir um Hilfe bitten. Ich erinnere mich, wie nervenaufreibend es war, die beiden zu fragen, aber mein gestärktes Selbstvertrauen hat mir letztendlich den Mut dazu gegeben. Sie waren auch gleich hilfsbereit und ich war dankbar. Ich bat sie, durch die der Schule nahegelegenen Straßen zu fahren, während ich sie filmte. An einem Punkt sind sie beim Rückwärtsfahren zusammengestoßen. Zum Glück hat es kaum Schaden angerichtet und wir haben darüber lachen können. Für den zweiten Teil des Beitrags habe ich einen Rallyefahrer interviewt, der mit einem Freund befreundet war. Er hatte seinen Subaru auf der Autorampe in der Werkstatt, und ich habe ihn dabei gefilmt, wie er über den Rallyesport und die Wartung des Autos sprach. Auch ihm war ich dankbar für seine Hilfe. Diese Filmproduktion hat mir im ersten Jahr meines Abiturstudiums eine gute Note eingebracht und ich hatte großen Spaß dabei.

Zu dieser Zeit hatte mich meine Mutter auch zu Business-Networking-Veranstaltungen in Leeds mitgenommen, da sie meinte, dass es mit meinem BWL-Kurs helfen könnte. Und so traf ich während meines Abiturs im Januar 2014 den Mitbegründer von Innocent Drinks, Richard Reed, bei einem Networking-Event in einer Bar in Leeds. Er war einer der Gastredner und sprach über die Entstehung der Idee von Innocent Drinks, die Absagen, mit denen er in der Anfangszeit konfrontiert war, und darüber, wie er das Unternehmen ausbaute, als es zu florieren begann. Nach seinem Vortrag ging ich zu ihm hin, schüttelte ihm die Hand und sagte ihm, wie sehr mir seine Rede gefallen hat. Ich erzählte ihm von meinem Formel-1-Blog, reichte ihm eine Visitenkarte und meine Mutter machte ein Foto von uns beiden. Er schien beeindruckt zu sein und gab mir einige Ratschläge, für die ich eine Weile brauchte, um sie wirklich zu verstehen. Er sagte: „Nutze dein Unternehmen, um Autismus

zu fördern. Kläre die Menschen über deinen Zustand auf."
Sein Rat ist mir bis heute in Erinnerung geblieben.

Kurz nach dieser Begegnung lernte ich in meinem Kursmodul, wie man einen Geschäftsplan erstellt. Da die Erstellung eines Geschäftsplans sehr strukturiert ist, war ich in meinem Element. Von allen Fächern hat mir diese Kursarbeit am besten gefallen. Es war auch das erste Mal, dass ich eine umfassende Arbeit so schrieb, wie es die Lehrer erwartet hatten. Ich nutzte diesen strukturierten Ansatz dann auch, um die anderen Aufsätze, die ich im Laufe des Jahres fertigstellen musste, zu verbessern.

Obwohl das erste Jahr meines Abiturs holprig war, habe ich in allen meinen Fächern die bisher besten Kursarbeitsleistungen erbracht. Soweit ich mich erinnere, habe ich nicht schlechter als die Note B (gut) abgeschnitten (So viel zur Einschätzung meiner Fähigkeiten durch meine erste Medienwissenschaftslehrerin). Ich hatte zwar zunächst Schwierigkeiten bei den Prüfungen und bekam die Noten D und E im ersten Jahr. Aber glücklicherweise bedeuteten die guten Noten in meinen Kursarbeiten, dass ich das Jahr bestanden hatte und mein zweites Abiturjahr absolvieren konnte. Obwohl es mit dem Druck begann, uns bei den Universitäten zu bewerben, verlief der Beginn der 13. Klasse gut. Ich war bereits mit dem erwarteten Standard vertraut und habe meine Kursarbeiten mit Leichtigkeit bestanden. Mit den Prüfungen hatte ich immer noch Probleme, aber ein neuer Vertretungslehrer für Medienwissenschaften bot mir an, mir bei der Verbesserung meiner Prüfungstechniken zu helfen. Das machte für mich den entscheidenden Unterschied. Er hatte einen schwarz-auf-weißen Charakter, und daher haben wir gut zusammengearbeitet. Er lobte mich, wenn ich gute Antworten auf Fragen schrieb und wenn das nicht der Fall war, war er absolut ehrlich. Innerhalb weniger Monate war ich im Umgang mit Prüfungen ein anderer Mensch. Ich habe meine Technik erheblich verbessern können, da ich den Kontext einer Frage erkannte und sie viel schneller beantwortete. Ich habe bei allen Prüfungen die Noten B und C bekommen, statt D und E wie im Vorjahr. Infolgedessen schloss ich mein Abitur mit drei B-Noten ab. Das war fantastisch für meine Studienaussichten und ich erhielt von drei Universitäten bedingte Angebote mit meinen erwarteten Noten. Kurz vor Weihnachten 2014 erhielt ich jedoch ein bedingungsloses Angebot von der Leeds Beckett University für den Kurs „Creative Media Technology". Dies entlastete mich für den Rest des 13. Schuljahres und war ein weiterer Faktor, der mir dabei half, deutlich bessere Leistungen zu erbringen.

**Hilfreiche Tipps aus Kapitel 7**

- Gebt nicht auf, wenn euch ein Lehrer sagt, dass ihr etwas nicht erreichen könnt. Beweist ihnen stattdessen das Gegenteil.
- Sprecht mit den Lehrern, denen ihr am meisten vertraut, wenn ihr mit eurer Arbeitsbelastung oder anderen Problemen zu kämpfen habt. Die meisten guten Lehrer werden alles daransetzen, um euch zu helfen.

# KAPITEL 8
# MEINEN AUTISMUS AKZEPTIEREN

Auch wenn mir das Wissen, warum ich anders war, geholfen hat, war das nur die halbe Miete. Meinen Autismus zu akzeptieren, war eine ganz andere Herausforderung. Bevor ich mit vierzehn in die Pubertät kam, habe ich nicht über alles zu viel nachgedacht. Der Kampf mit der Akzeptanz und dem Nachdenken verursachte seitdem einen inneren Konflikt für mich und hat zu großen Wellen mentaler Instabilität geführt.

In der Highschool hatte ich anfangs große Angst davor, wie meine Mitschüler reagieren würden, wenn ich ihnen sagen würde, dass ich Autist bin. Als sie sahen, dass ich im Unterricht eine Lernunterstützungsassistentin neben mir hatte, fragten sie mich, ob ich Legastheniker sei. Da meine Schule auf den Unterricht von Legasthenikern spezialisiert war, war dies üblich und wurde einfach akzeptiert. Ich musste nicht lange darüber nachdenken, um zum Schluss zu kommen, dass es eine gute Ausrede war und nickte. Meine Schulkollegen schienen mit dieser Erklärung zufrieden zu sein, und danach wurde nichts mehr gesagt. Dann wollte ich unbedingt Legastheniker sein, weil ich mich wegen der Lüge so schuldig fühlte. Ich bedrängte meine Lernförderlehrerin, mit mir einen Legasthenie Test zu machen, obwohl sie mir immer wieder versichert hatte, dass ich kein Legastheniker sei. Der Test, den sie letztendlich doch mit mir machte, hat dies natürlich bestätigt.

Der Auslöser für meinen Akzeptanzkampf war ein bestimmter Vorfall, der auch die Art und Weise veränderte, wie ich Menschen wahrnahm. An einem Samstagmorgen, nach einem Auswärtsspiel der Rugby-Union-Mannschaft unserer Schule, spendierte unsere Gastgeber-Schule in ihrer Speisehalle das Mittagessen. Ich saß neben meinen Teamkollegen und hörte ihren Gesprächen zu. Plötzlich zeigte einer von ihnen auf die Wand hinter mir und sagte: „Callum, guck' mal, da steht dumm geschrieben." Ich drehte mich um und schaute zur Wand, und alle fingen an zu lachen. Großartig, dachte ich, ich bringe sie zum Lachen. Ich fühle mich wie ein Komiker. Ich habe auch gelacht. Dieselbe Person sagte: „Nun, steht dumm an der Decke." Ich schaute hoch und alle lachten wieder. Ich hatte das Gefühl, der Größte zu sein. Mein Vater hatte das miterlebt. Später im Auto auf dem Nachhauseweg sagte er mir, dass sie nicht mit mir lachten. Sie lachten über mich. Mein Herz sank. Ich konnte nicht glauben, dass ich zugelassen hatte, mich lächerlich zu machen. Ich gab meinem Autismus die Schuld. Seitdem nehme ich mich vor den meisten Leuten in Acht. Ich habe geschworen, dass ich nie wieder zulassen würde, mich so verspotten zu lassen. Aber ich war auch besonders wütend auf mich selbst, wenn ich vermutete, dass ich eine Situation missverstanden hatte. Ich fing an, meinen Autismus zu hassen.

Das passierte genau am Anfang meiner Pubertät und hatte deshalb einen so großen Einfluss auf mich. Genau dort fingen meine Schwierigkeiten an, meinen Autismus zu akzeptieren. Für den Rest des Kapitels werde ich über einige der internen und externen Faktoren sprechen, die mir die Akzeptanz erschwert und meiner geistigen Gesundheit geschadet haben. Ich möchte dieses Kapitel nicht mit Selbstmitleid überladen, aber so habe ich mich damals gefühlt und es hat mir mein Leben schwer gemacht. Ich hoffe, dass sich einige von euch mit meinen Erfahrungen identifizieren und daraus lernen können.

## INTERNE FAKTOREN

Die inneren Faktoren sind meine anfangs kleinen Gedanken, die mit der Zeit größer und tiefer wurden und mir viel Leid zufügten.

**Sich wie eine Last fühlen**

Für mein Lernvermögen war es vorteilhaft, dass ein Lernunterstützungsassistent neben mir im Klassenzimmer saß. Allerdings hatte ich auch das Gefühl, dass ich nichts allein zufriedenstellend erledigen konnte. Es gab auch Zeiten, in denen mein Lernbegleiter nicht zum Unterricht kommen konnte. Wie ihr euch sicher vorstellen könnt, war es verwirrend und schwierig, den Anweisungen des Lehrers, ohne die übliche Hilfe zu folgen. Ich habe in der Schule immer mein Bestes gegeben. Ich war pünktlich zu jeder Unterrichtsstunde und habe nie im Unterricht herumgealbert. Als ich mich im Klassenzimmer umsah, sah ich einige meiner Mitschüler plaudern und lachen (offensichtlich zum Ärger des Lehrers). Einzel- oder Gruppenaktivitäten schienen so einfach für alle anderen zu sein, während ich wie eine Piksieben dasaß und zu viel Angst hatte, um dem Lehrer Fragen zu stellen. Ich hatte auch das Gefühl, dass ich meine Mitschüler bei jeglichen Gruppenaktivitäten zurückhielt. Ich fühlte mich immer beiseitegeschoben, wenn ich versuchte, mit der coolen Gruppe ins Gespräch zu kommen. Wenn zum Beispiel jemand in der

Gruppe etwas sagte, versuchte ich mich an der Diskussion zu beteiligen. Niemand würde zuhören, aber sobald jemand anderes etwas beitrug, antworteten die anderen sofort. Ich beobachtete bei meinen Mitschülern, wie alle so glücklich und entspannt aussahen. Ich schien der Einzige zu sein, der sich mies fühlte. Zum Glück kümmerten sich ein paar Klassenkameraden, die nicht zur coolen Gang gehörten, um mich und gaben mir ein gewisses Zugehörigkeitsgefühl. Heute weiß ich, dass ich viel Kummer hätte vermeiden können, wenn ich mich nicht so sehr bemüht hätte, mich den falschen Leuten anzuschließen.

Was mir das Leben ein wenig leichter machte, war, dass meine Familie mir nie das Gefühl gab, eine Last zu sein. Wenn ich zum Beispiel Nan und Pops besuchte, um mir ein Fußballspiel anzusehen, mich über die Fernsehserie „Coronation Street" zu unterhalten oder mit ihnen „Ich bin ein Star - Holt mich hier raus!" anzuschauen, gab es mir das Glücksgefühl, das ich brauchte, um das Elend auszugleichen, das ich in anderen Teilen meines Lebens verspürte. Abgesehen von meiner Mutter konnte ich mich auch immer darauf verlassen, dass ich mit Nan über meine Probleme sprechen konnte. Sie beruhigte mich: „Du machst dir zu viele Sorgen, Callum." Dadurch wurden einige der Probleme, die ich in meinem Kopf aufgebauscht hatte, viel kleiner.

**Immer mehr wollen**

Ich habe nie in der Gegenwart gelebt. Ich habe auch nie das zu schätzen gewusst, was ich geleistet hatte. Stattdessen wollte ich immer mehr, oder ich konnte es kaum erwarten, bis ein Tag, eine Woche oder ein Monat vorbei war, um weiterzukommen, aber vor allem, um meinen Schmerzen zu entkommen. Gleichzeitig hatte ich das Gefühl, dass ich aufgrund meiner Schwierigkeiten mehr Erfolg haben musste als alle anderen. Ich träumte von dem Supersportwagen, den ich kaufen würde, wenn ich in der Zukunft einmal Millionär wäre. Und Pops sagte immer: „Eines Tages wirst du Millionär, Callum." Aber anstatt mich mit Aufregung und Entschlossenheit zu erfüllen, belasteten mich meine Ungeduld und meine unvernünftigen Erwartungen.

## Misophonie

Misophonie, auch als „Hass auf Geräusche" bekannt, ist eine Geräuschempfindlichkeit, die bei autistischen Menschen häufig auftritt. Das bedeutet, dass sie einige tiefe oder hohe, sich wiederholende Geräusche (z. B. Tippen auf der Tastatur, Essgeräusche oder hohe Stimmen und schrille Geräusche) als störend empfinden. Manchmal können diese Geräusche zu Zusammenbrüchen und in extremen Fällen zu Abschaltungen führen. [1]

Misophonie entwickelte sich bei mir während meiner Teenagerjahre. Die Geräusche beim Tippen auf der Tastatur begannen mich zu stören und abzulenken. Das lag daran, dass ich langsam tippte, während alle anderen ununterbrochen tippten. Es war eine weitere Erinnerung daran, dass andere sich weniger anstrengen mussten, um doppelt so gute Ergebnisse zu erzielen. Und Essgeräusche habe ich vor allem gehört. Auch wenn die Leute um mich herum redeten oder der Fernseher laut lief, hörte ich nichts außer den Geräuschen schmatzender Lippen, Kauen und klirrender Zähne. Ausgelöst durch meine Misophonie, erlebte ich diese Geräusche so, als hätte sie jemand mit richtig platzierten Lautsprechern neben meinen Ohren verstärkt. Dies hinderte mich daran, alles andere um mich herum zu verarbeiten, und mein Kopf fühlte sich an wie ein Schnellkochtopf, der kurz vor der Explosion stand.

. . .

**Körperdysmorphie**

Körperdysmorphie ist eine Störung, bei der sich Menschen übermäßig Sorgen um ihr Aussehen machen.[2] Bei mir fing es wahrscheinlich mit dem „leichtgläubig" Vorfall an. Ich machte mir Sorgen um den Klang meiner Stimme, meine Körperhaltung und meine Koordination. Ich empfand es als unerträglich, meine Stimme auf einer Audioaufnahme zu hören und mich selbst auf einem Video zu sehen. Mein Diagnosebericht in Kapitel 2 beschrieb meine Stimme als gestelzt, mit ungewöhnlicher Wörtertrennung und monotonem Klang. Ich habe beim Sprechen ständig auf diese Eigenschaften geachtet und mich ablenken lassen. Ich überwachte meine Bewegungen auf motorische Ungeschicklichkeiten, wie meine Schwierigkeiten, bestimmte Aktionen zu kontrollieren, und mein Stimming-Verhalten (ich bewegte meine Hände hin und her). Ich schaute immer in den Spiegel, wenn ich dazu Gelegenheit hatte, um sicherzustellen, dass ich eine gute Haltung hatte, und zwang mich genauso zu erscheinen, wie ich es geplant hatte. Ich war paranoid, da ich überzeugt davon war, dass ich einen krummen Rücken hatte. Ich fühlte mich dumm und ungelenkig. Ich fühlte mich ständig beobachtet und war nicht in der Lage mich zu entspannen.

## EXTERNE FAKTOREN

Externe Faktoren sind die Veränderungen in der Welt, die um mich herum stattgefunden haben. Es gab hier besonders eine der bedeutenden Veränderung in der Welt, die besonders negative Auswirkungen auf meine geistige Gesundheit hatte.

**Die steigende Popularität der Social Media**

Social Media erfreute sich immer größerer Beliebtheit, als

ich im Alter von vierzehn Jahren mit den GCSEs anfing. Facebook war damals die führende Plattform. Ich sah Posts von meinen Schulkameraden, die auf Hauspartys gingen, und fragte mich, ob ich auch teilnehmen sollte. Ich hatte nie den Drang dazu, da ich mich lieber auf meine Arbeit konzentrierte. Aber ich machte mir Sorgen darüber, dass ich nicht den Wunsch verspürte, mitzumachen. Würde ich etwas Wichtiges verpassen und es für den Rest meines Lebens bereuen? Diese Unsicherheit verstärkte den Druck auf mich in meinem instabilen Geisteszustand noch mehr. Dann gab es noch die Anzahl der ‚Likes' und Freunde. Zu sehen, dass andere auf Facebook mehr Likes oder Freunde hatten als ich, zerstörte meine Laune und brachte mich zur Verzweiflung. Außerdem wollte ich wie meine Schulkameraden aussehen und habe versucht, coole Bilder von mir zu posten. Natürlich bekam ich dafür außer von meiner Familie keine Likes. Social Media verstärkte alle meine internen Faktoren und steigerte sie in einem Ausmaß, das verheerende Folgen für mein Wohlbefinden hatte.

## MEIN GEISTIGES WOHLBEFINDEN IN DEN GRIFF BEKOMMEN

Es gibt noch weitere Faktoren, die ich im Laufe des Buches erwähnen werde. Meine schlechte psychische Gesundheit hat mich mein ganzes Leben lang geplagt. Ich habe hier absichtlich nur einen externen Faktor aufgeführt. Ich glaube, dass die meisten Faktoren, die zu unserem psychischen Gesundheitszustand beitragen, intern sind; externe Faktoren können wir oft in den Griff bekommen. Mit einfachen Maßnahmen, wie zum Beispiel das Einplanen eines Zeitfensters für Social-Media-Aktivitäten und das Weglegen des Smartphones für den Rest des Tages. Ich würde euch dringend raten, dies auszuprobieren und darauf zu achten, wie ihr euch vor dieser Änderung fühlt und danach. Oder, um euch ein Beispiel für eine komplexere Situation zugeben, versucht bei der Trauer über den Tod eines Verwandten, Freundes oder Haustieres an etwas zu denken, das dieser Verwandte oder Freund gesagt oder euer Haustier getan hat, um euch zu motivieren. Es kann euch helfen, wenn ihr das Gefühl habt, dass ihr ohne sie nicht weitermachen könnt.

Wenn es um interne Faktoren geht, bitte ich euch, mit einem Verwandten, Freund oder einer psychiatrischen Fachkraft zu sprechen. Ich spreche normalerweise mit meiner Mutter oder meiner Schwester über meine Probleme. Ich weiß, es klingt klischeehaft, aber wenn man jemanden hat, mit dem man reden kann, verlieren die inneren Faktoren einfach die Macht über einen.

Und wenn ihr die Hilfe anderer Menschen nicht annehmen könnt oder ihr es schwierig findet, über eure Probleme zu sprechen, besorgt euch einen Stift und Papier. Macht eine Liste der Faktoren, von denen ihr glaubt, dass sie sich negativ auf eure geistige Gesundheit auswirken. Glaubt mir, es hilft. Verbannt eure schlechten Gedanken aus eurem Kopf. Sie auf Papier zu bringen (wie ich es in diesem Kapitel getan habe) ist eine weitere Möglichkeit, sich von ihnen zu befreien. Wenn sie weg sind, können sie nicht mehr in eurem Kopf Schaden anrichten, wie schädliche Bakterien. Es kann sein, dass ihr diesen Vorgang für den gleichen Gedanken mehrmals wiederholen müsst. Ich weiß, dass es vielleicht leichter gesagt als getan ist, aber gebt nicht auf. Macht weiter. Das schafft ihr!

**Hilfreiche Tipps aus Kapitel 8**

- Versucht nicht, euch an coole Cliquen anzuschließen. Mit Gleichaltrigen, die ebenfalls als Außenseiter oder ‚Inbetweeners' gelten, werdet ihr viel mehr Spaß haben.
- Lasst euch nicht von euer Ungeduld kontrollieren. Seid dankbar für alles, was ihr habt, und blickt mit Stolz auf eure Erfolge zurück.
- Wenn ihr an Misophonie leidet, vermeidet es, neben Menschen zu sitzen, die Geräusche machen, die euch verrückt machen. Ich vermeide es, neben Leuten zu sitzen, die laut essen, und trage meine geräuschunterdrückenden Kopfhörer beim Tippen oder in der Nähe anderer Leute, die an Tastaturen arbeiten.
- Achtet darauf, ob sich euer Wohlgefühl verbessert, nachdem ihr kleine Änderungen vorgenommen habt, wie euer Smartphone wegzulegen, Benachrichtigungen auszuschalten oder nur eine Stunde am Tag auf euren Social-Media-Feed zu schauen.
- Schreibt auf einem Blatt Papier die Faktoren auf, die sich negativ auf eure geistige Gesundheit auswirken. Wenn möglich, sprecht mit jemandem, dem ihr vertraut.

## KAPITEL 9
# ERWACHSEN WERDEN

Erwachsen werden war für mich zunächst beängstigend und verwirrend. Ich genoss die Freiheit, die ich als junger Erwachsener hatte, aber die Verantwortung, die ich jetzt auf meinen Schultern hatte, war immens überwältigend. Mit achtzehn war ich noch nicht bereit, erwachsen zu sein. Das sollte noch gut fünf bis sechs Jahre dauern.

## MEIN ACHTZEHNTER GEBURTSTAG

Meine Schule veranstaltete nach der Abschlusszeremonie der 13. Klasse einen Sommerball für alle Schüler der Oberstufe. Er fiel zufällig auf meinen achtzehnten Geburtstag. Der Ball war toll, aber nicht der Höhepunkt des Abends. Nachdem der Ball zu Ende war, gingen einige meiner Schulkameraden und ich zum ersten Mal in eine Diskothek. Ich dachte zunächst, dass die blinkenden Lichter, die laute Musik und die überfüllten Räume mich überwältigen würden. Es hatte jedoch einen gewissen Nervenkitzel und ich konnte diese roten Lichter anfänglich ignorieren. Ich war bereits auf Partys gewesen, aber die Raumverhältnisse in Diskotheken waren schon ein großer

Unterschied. An jeder Ecke standen Türsteher. Im ganzen Raum wurde Trockeneis versprüht, was mir eigentlich gefiel. Ich sprang im Takt der Musik auf und ab. Mir wurde nicht zu heiß und es fühlte sich alles ganz ok an.

Letztendlich war nur noch eine Handvoll von uns übrig. Wir machten uns auf die Suche nach einem anderen Club. Ein Typ kam mit einem Prospekt für einen Lapdance-Club auf uns zu. Also folgten wir ihm. Als wir an der Tür ankamen, überprüfte jemand unsere Ausweise und erklärte die Regeln. Er sagte: „Wenn du meine Mädchen nicht respektierst, wirst du rausgeworfen." Die Regeln wurden so schnell erklärt, dass ich sie überhaupt nicht verarbeitet habe und daher Angst hatte, versehentlich in Schwierigkeiten zu geraten. Und was meinte er überhaupt damit, die Mädchen nicht zu respektieren? Als ich drinnen war, legte eine Frau ihren Arm um mich und fragte mich, ob ich einen Tanz von ihr wollte. Ich fühlte mich sehr unwohl, ging aber mit ihr mit. Ich fühlte mich unter Druck gesetzt. Wenn ich nicht mit ihr gegangen wäre, hätte ich mich ausgeschlossen gefühlt, da die anderen von anderen Frauen abgeführt wurden. Die Frau begann sofort in der Kabine um mich herum zu tanzen. Es fühlte sich so surreal an und ich hatte eine Kampf-oder-Flucht-Reaktion, wobei ich unbedingt weglaufen wollte, aber stattdessen erstarrte. Während sie rumtanzte, redete sie im flirtenden Tonfall mit mir. Ich zerbrach mir den Kopf darüber, was ich hier sagen sollte, konnte aber nur mit „Ja" und „Nein" antworten. Das hat mich völlig abgelenkt und ich war erleichtert, als der Tanz zu Ende war. Ich verließ die Kabine so schnell ich konnte und gesellte mich zu den anderen, die ihre Tänze bereits hinter sich hatten. Sie unterhielten sich mit einigen der anderen Tänzerinnen und ich bestellte mir noch ein Getränk. Es war ein dunkler Raum mit fluoreszierendem Licht, was sich auf meine sensorischen Empfindlichkeiten auszuwirken begann. Ich fühlte mich überwältigt und setzte mich hin, um ruhig zu warten, bis die anderen fertig waren. Als sie kein Geld mehr hatten, was ziemlich schnell ging, rief der Club ein Taxi für uns. Als wir im Taxi saßen, war es bereits hell. Auch wenn es überwältigend war, es war schon ein tolles Erlebnis und ich bin froh, dass ich meinen achtzehnten Geburtstag auf diese Weise verbracht habe. Ich werde das jedoch nicht so schnell wiederholen.

## FAHREN LERNEN

Nach meinem Ginetta-Rennerlebnis im Alter von fünfzehn begann ich kurz nach meinem siebzehnten Geburtstag mit dem richtigen Fahrunterricht.

Mein Fahrlehrer war ein echter Charakter. Er hatte meiner Mutter auch das Autofahren beigebracht, als sie 1990 von Deutschland nach England zog. Er lachte, als er sich daran erinnerte, wie sie ursprünglich auf der falschen Straßenseite fuhr, ganz im deutschen Stil. Meine Mutter erzählte mir, er sei sehr ruhig und habe sie nie nervös gemacht. Das war perfekt für mich, da ich Angst hatte, Anweisungen falsch zu interpretieren und Schwierigkeiten mit meiner Koordination zu haben. Ich habe in meiner ersten Unterrichtsstunde mit ihm über diese Szenarien gesprochen und er war sehr verständnisvoll – ein guter Anfang. Meine Erfahrung mit den Ginetta-Autos kam mir wirklich zugute, und ich stellte mir vor, dass sich der Fahrschulwagen wie ein Go-Kart anfühlte. Auf diese Weise kam ich viel schneller mit dem Schalten und Steuern zurecht. Ich habe die Anweisungen meines Fahrlehrers nur selten missinterpretiert. Er sprach auch mit mir über die Formel 1 und sein Trial-Bike, was mir enorm geholfen hat. Er erklärte, dass er so ruhig war, da er früher an Trial-Bike-Wettbewerben teilgenommen hatte, bei denen mit gefährlichen Geschwindigkeiten gefahren wurde. Da ich mich wohlfühlte und meine Vorstellungskraft nutzte, brauchte ich nur knapp ein Jahr, um meine Prüfung zu bestehen. Bevor ich meinen Führerschein machen konnte, musste ich jedoch meine theoretischen und praktischen Prüfungen absolvieren. Vom ersten Tag meines Fahrunterrichts an habe ich (ausnahmslos) eine Stunde am Tag für die theoretische Prüfung gelernt. Das war angeblich viel mehr Zeit, als meine Freunde darin investiert hatten. Aber ich habe beim ersten Mal und mit einem hervorragenden Ergebnis bestanden. Das Ergebnis der praktischen Prüfung war allerdings anders. Ich bin beim ersten Mal durchgefallen. Als autistischer Mensch war es eines der nervenaufreibendsten Dinge für mich, zum ersten Mal selbstständig zu fahren, während ein Prüfer mich beobachtete. Infolgedessen machte ich bei meinem Test, der ansonsten gut lief, einen ungewöhnlichen Fehler. Ich war so wütend auf mich selbst. Ich wusste, dass mein Fehler sofort zum Durchfallen führen würde. Als ich nach Hause kam, warf ich meine Turnschuhe auf den Boden und heulte erst mal. Ich erinnere mich, dass ich meine Sonnenbrille an dem Tag trug, als ich zu Nan und Pops gegangen bin. Ich wollte verstecken, dass ich geweint habe. Es war insgesamt ein blöder Tag.

Ich bestand dann aber bei meinem zweiten Versuch, da ich wusste, was mich erwartete und somit ruhiger war. Ich habe auch keine Fehler gemacht.

## AUTOFAHREN

Es war Zeit, mir ein Auto zu kaufen. Nachdem wir einige Händler aufgesucht hatten, stießen wir auf einen acht Jahre alten blauen Ford Fiesta. Ich habe eine Probefahrt gemacht und das Auto fühlte sich in Bezug auf Lenkrad, Getriebe und Kupplung sofort richtig an. Aber das kleine Auto tat mir leid. Es hatte damit zu schaffen, dass ich es fuhr, der Händler auf dem Beifahrersitz und meine Eltern hinten saßen. Das ganze

Gewicht machte dem Auto etwas zu schaffen, aber ansonsten war es großartig. Also haben wir es gekauft.

Allerdings musste ich noch zwei Wochen warten, bis ich damit fahren konnte. Die Werkstatt wollte es warten und einer MOT (TÜV) unterziehen und einige kleinere Reparaturen durchführen. Ich hatte das Gefühl, dass ich nicht länger warten konnte und ging sogar gelegentlich zum Autohändler, um zu sehen, ob das Auto noch auf dem Parkplatz stand. Als ich es endlich abholen konnte, hatte es einen frisch gepflegten Geruch und fühlte sich wie neu an. Mein erstes Auto zu haben, war das beste Gefühl überhaupt und die Möglichkeit, einfach losfahren zu können, gab mir so viel Freiheit. Ich fuhr durch unsere Straßen und hörte Musik, wann immer ich Zeit hatte. Ich fühlte mich beim Fahren auf der Autobahn jedoch noch unsicher und bat meinen Fahrlehrer, mir im Rahmen des Pass-Plus-Programms einige Fahrstunden zu geben. Autobahnfahren war zunächst ziemlich beängstigend. Das Einfädeln von der Auffahrt auf die Innenspur war am aufreibendsten dabei. Aber auch hier hat mir die ruhige Art meines Fahrlehrers geholfen und mich davon abgehalten, in Panik zu geraten. Ich habe nur zwei Unterrichtsstunden nehmen müssen, um zu verstehen, wie ich auf der Autobahn fahren sollte. Vorsorglich habe ich noch ein paar Autobahnübungen mit meinem Vater gemacht, der mir auch ein paar gute Tipps gegeben hat. Zunächst blieb ich auf der Innenspur und hatte Angst, auf der Mittel- und Außenspur zu überholen, insbesondere auf einer engen Autobahn. Als ich zum ersten Mal überholte, war es, als würde ich ins kalte Wasser springen. Es musste einfach erledigt werden. Nachdem ich es ein paar Mal getan hatte, wurde es einfacher. Ich weiß, dass meine Berichte über das Fahren auf einer Autobahn langweilig sein mögen, aber vielleicht könnt ihr das doch nachvollziehen.

Im Großen und Ganzen war ich sehr nervös, als ich zum

ersten Mal allein losfuhr. Das lag nicht daran, dass ich mich im Auto nicht wohlfühlte, sondern daran, dass ich eine Weile brauchte, um mich mit den verschiedenen Regeln vertraut zu machen. Als autistischer Mensch ist es für mich ein Muss, mich an die Regeln zu halten. Ich geriet in Panik, wenn ich dachte, ich wäre mit 31 Meilen pro Stunde (ca. 50 km/h) in einer 30-Meilen-Zone mit Radarkameras gefahren. Ich war immer nervös, wenn der Postbote kam, weil ich dachte, ich würde eine Strafe wegen Geschwindigkeitsübertretung bekommen, was nie passierte. Und wenn ich eine Gegend nicht gut kannte, fiel es mir schwer, die Verkehrsschilder sofort aufzunehmen, also blieb ich zunächst auf den Straßen, die ich am besten kannte.

Außer meinen Eltern nahm ich Nan, Pops, meine Tante und meine Schwester mit auf eine Spritztour. Darauf freute ich mich immer am meisten.

In meinem ersten Jahr als Autofahrer hatte ich einen Versicherungsvertrag mit einer Telematik Box, die in meinem Fiesta eingebaut werden musste, um meine Geschwindigkeit und Fahrfähigkeit zu überwachen. Aufgrund meines Autismus und dem Drang, mich an die Regeln zu halten und in allem, was ich tue, so perfekt wie möglich zu sein, habe ich am Ende der Versicherungszeit die perfekte Punktzahl erreicht. Dadurch habe ich für die Verlängerung der Versicherung im darauffolgenden Jahr nur die Hälfte bezahlt, was großartig war. Natürlich gab es Momente, in denen ich in Panik geriet. Ein Beispiel war, als meine Schwester zu einem McDonald's Drive-in gefahren werden wollte, was ich noch nie gemacht hatte. Als Fahrer war ich am nächsten an den Lautsprechern, wo das Personal die Bestellung entgegennahm. Es war wie beim Telefonieren, was mir auch jetzt noch nicht hundertprozentig leichtfällt. Ich konnte nicht verarbeiten, was die Person sagte und da einige Autos hinter mir in der Warteschlange standen, stieg meine Angst an. Ich vertraute auch nicht darauf, dass das Personal geduldig mit mir sein würde. Ich verlor die Fassung und meine Schwester musste sich über mich beugen, um die Bestellung aufzugeben. Ich kam mir danach so dumm vor. Aber meine Schwester konnte hervorragend mit meinen Angstanfällen umgehen und wusste, wie sie die Situation regeln und mich beruhigen konnte.

## ERSTE ERLEBNISSE MIT ALKOHOL

Meine ersten Erlebnisse mit Alkohol haben aufgezeigt, dass ich noch viel lernen musste, bevor ich mich einen verantwortungsbewussten Erwachsenen nennen konnte. Ein gutes Beispiel war, als zwei Freunde an verschiedenen Wochenenden – zwei Wochen hintereinander – bei uns übernachteten. In der ersten Woche gingen mein alter Grundschulfreund und ich zum ersten Mal in die örtlichen Pubs.

Ein Getränk fiel mir gleich auf. Es sah aus wie Bier und ich bestellte eins für mich und eins für meinen Freund. Das Getränk roch seltsam, nach Gummibändern, und obwohl ich nicht sagen würde, dass mir der Geruch und der Geschmack gefielen, trank ich einige davon. Und mein Freund auch. Wir taumelten nach Hause, und als wir durch die Tür stolperten, eilte mein Freund nach oben, um auf die Toilette zu gehen. Aber es war bereits zu spät. Meine Eltern und ich hörten ein lautes Erbrechen. Er hatte überall im Flur im Obergeschoss gebrochen. Es war so schlimm, dass das Erbrochene an der Wand neben der Treppe vom ersten Stockwerk bis zum Erdgeschoss hinunterlief. „Was habt ihr beide denn getrunken?", fragten meine Eltern. „Ein Bier namens Desperado", antwortete ich. „Das ist kein normales Bier, Callum. Es ist Bier mit Tequila gemischt", klärte mich mein Vater auf. Das war also das Ende der Nacht. Meine Eltern verbrachten ein paar Stunden damit, das Erbrochene aufzuwischen, und ich musste mich um meinen Freund kümmern, der sich in meinem Schlafzimmer ständig weiter erbrach, zum Glück in einen Eimer. Es war eine Katastrophe, aber ich hatte daraus gelernt. Zumindest dachte ich das. Am nächsten Wochenende übernachtete ein anderer Schulfreund bei uns und wir gingen wieder in die Pubs in unserem Ort. Meine Mutter hatte uns gewarnt, dieses Tequila-Zeug nicht noch mal zu trinken, und wir hatten versprochen, uns daranzuhalten. Zunächst gelang es uns im örtlichen Cricket Club, auf Desperado zu verzichten. Als ich jedoch dem Barpersonal von der Katastrophe in der Woche zuvor erzählte, ermutigte er uns, doch noch einen Desperado zu trinken, und so taten wir es. Auf dem Rückweg taumelten wir nicht so stark wie in der Vorwoche, und ich dachte, wir wären diesmal davongekommen. Bevor wir ins Haus gingen, sagte ich: „Bleib' mal fünf Minuten draußen. Wenn du dich übergeben musst, mach' es jetzt." Es passierte nichts, also gingen wir rein. Ich sah, wie mein Freund ganz normal die Treppe hinaufging, und seufzte erleichtert. Kein Anzeichen von Erbrechen. Ich verließ mein Zimmer, um etwas Wasser von unten zu holen, während er sich auf seine Luftmatratze legte. Als ich zurückkam, hatte er über meinen Fernseher und Teppich gebrochen und meine Eltern mussten alles noch einmal aufwischen. Meine Mutter und mein Vater taten mir an diesen beiden Nächten echt leid. Ich hatte mich wie ein dummes Kind verhalten. Ich kann jedoch jetzt berichten, dass dies seither nicht noch mal passiert ist.

### Hilfreiche Tipps aus Kapitel 9

- Probiert doch mal etwas Neues zu unternehmen, auch wenn es sich anfangs unangenehm anfühlt. Auch wenn es euch am Ende nicht gefallen hat,

habt ihr wenigstens eure Lebenserfahrung bereichert.
- Sucht euch einen Fahrlehrer mit ruhiger Art und nehmt euch die Zeit, die ihr zum Lernen benötigt.
- Nehmt ruhig nach bestandener Prüfung zusätzliche Fahrstunden, wenn ihr sie braucht.
- Haltet euch an die Regeln der Telematik-Versicherungsbox, um die Kosten eurer Auto-Versicherung im nächsten Jahr zu senken.
- Neue Trinker: Haltet euch vom Tequila fern!

# KAPITEL 10
# DATING UND BEZIEHUNGEN

Der Mangel an Selbstvertrauen in Gesprächen hat auch meinem Liebesleben geschadet. Ich fing mit neunzehn an, mich nach einer Beziehung umzuschauen und sechs Jahre später ist noch immer kein Happy End in Sicht. Ich hatte das Gefühl, dass meine Verabredungen mich innerhalb der ersten paar Minuten oder sogar Sekunden abwerteten. Aufgrund meiner Einschränkungen bei Gesprächen, wo ich lediglich über meine Fachinteressen selbstbewusst sprechen kann, bin ich mir unsicher, wie ich ein Gespräch über andere Themen führen soll. Weiterhin habe ich aufgrund meiner langsameren Verarbeitung Probleme mit dem Verständnis. Der Druck, ständig das Gefühl zu haben, dass meine Gesprächspartnerinnen mich unter die Lupe nehmen, veranlasst mich, eine Rolle zu spielen, anstatt mich natürlich zu verhalten. Das verstärkt dann nur meine Unsicherheiten und Unbeholfenheit.

Ich habe so sehr versucht, meine Gesprächspartnerinnen zu beeindrucken. Ich blicke heute mit Verlegenheit auf einige der Dinge zurück, die ich bei meinen ersten Verabredungen gesagt und getan habe. Ich werde in diesem Kapitel einige

Beispiele nennen, die euch zweifellos amüsieren und mich in Verlegenheit bringen. Ich werde die Namen der Frauen nicht nennen, mit denen ich ausgegangen bin, um ihre Privatsphäre zu respektieren.

Ich bevorzuge selbstbewusste Frauen, die wissen, was sie mit ihrem Leben anfangen wollen. Ich finde schüchterne Frauen schwieriger einzuschätzen. Ich mag es, wenn Frauen ein paar Jahre älter sind als ich, weil sie mehr Selbstvertrauen haben und meine Unterschiede und meine gesellschaftliche Unbeholfenheit besser akzeptieren.

## SCHULSCHWÄRME

Man könnte schon fast sagen, dass Schwärmereien zum Lehrplan in der Schule gehören, egal ob man autistisch oder neurotypisch ist. In der Grundschule hatte ich eine Zeit lang eine kleine Freundin. Am Valentinstag haben wir uns gegenseitig Karten geschickt. Wir waren noch nicht einmal zehn Jahre alt, also verstanden wir Liebe und Romantik gar nicht. Es hat trotzdem Spaß gemacht. In der sechsten Klasse kam ein neues Mädchen dazu. Ich kümmerte mich um meine eigenen Angelegenheiten, aber sie folgte mir überallhin. Doch plötzlich hörte sie dann auf, mit mir zu reden und folgte einem anderen Jungen. Es war das erste Mal, dass ich das Gefühl hatte, Mädchen nicht zu verstehen und diese Verwirrung würde mir noch lange im Gedächtnis bleiben. Das Gleiche geschah zu Beginn der Highschool in der siebten Klasse, wo alle Mädchen in meiner Klasse anfangs sehr freundlich waren. Und dann ignorierten sie mich von einem Tag auf den anderen und fingen an, mit den coolen Kids herumzuhängen. Ich wusste nicht, was jemanden cool machte, aber ich wusste, dass ich nicht zu dieser Kategorie gehörte. Ich habe damals eine anonyme Valentinskarte an ein Mädchen geschickt, das mir gefiel. Ich erinnere mich an ihre Reaktion.

Sie sprang auf und ab, lachte hysterisch und prahlte vor ihren Freunden. Ich habe ihr nie gesagt, dass die Karte von mir war. Ich war einfach zu feige. Es gab dann auch noch ein anderes Mädchen, in das ich mich in der Highschool verknallt hatte, nachdem sie gesagt hatte, ich sei süß. Ich habe diesen einen Kommentar als Anlass genommen mir einzubilden, dass ich sie mochte, aber sie wäre nie die Richtige für mich gewesen. Ich bin froh, dass ich nichts zu ihr gesagt habe. Ich hätte mit ziemlicher Sicherheit einen Rückschlag bekommen. Meine Schulzeit legte den Grundstein für die Verwirrung und Unbeholfenheit, die ich noch heute gegenüber dem anderen Geschlecht empfinde.

## ERSTER KUSS

Meinen ersten Kuss habe ich erlebt, als ich zum achtzehnten Geburtstag meines Freundes in eine Diskothek ging. Es war mit einem Mädchen, die ich auf der Tanzfläche kennenlernte. Ich begann mit ihr zu tanzen und versuchte, sie mit meinen Tanzbewegungen zu beeindrucken. Wir lachten viel und sie kopierte meine Bewegungen. Ich dachte: „Okay, das ist ein gutes Zeichen." Mein Herz raste wie verrückt, als mir klar wurde: „Oh mein Gott, ich rede mit einem attraktiven Mädchen. Soll ich hier einen Kuss wagen?" Natürlich fiel es mir schwer, ihre non-verbale Kommunikation zu verstehen, sodass ich nicht beurteilen konnte, ob sie mich küssen wollte. Nach ein paar Stunden hatte ich es immer noch nicht gewagt. Das passierte erst, als wir alle den Club verließen. Ich stand unbeholfen neben ihr und mir sprang fast das Herz aus der Brust. Dann sagte ich etwas wie: „Ich hatte Spaß mit dir heute Abend." Sie nickte. Dann fragte ich schüchtern: „Darf ich dich küssen?" Ich fühlte mich wie Oliver Twist, als er um mehr Brei bat. Sie sagte ja, ich kam näher, und unsere Lippen berührten sich. „Oh mein Gott, ich küsse ein Mädchen", sagte meine innere Stimme voller Freude. Ich kann mich nicht erinnern, wie es sich angefühlt hat, da ich zu sehr damit beschäftigt war, darüber nachzudenken. Ich fragte nach ihrer Telefonnummer und sie gab sie mir. Ich habe nie wieder etwas von ihr gehört – eine Geschichte, die sich wiederholen würde.

## ERSTE BEZIEHUNG

Ich lernte dann bei einem Unternehmerförderprogramm eine Frau kennen, die ein paar Jahre älter war als ich. Ich hatte damals ein Praktikum bei einem Autismus-Beratungsunternehmen gemacht und die Website entwickelt. Diese Frau nahm mit ihrem Unternehmen an dem Programm teil und arbeitete regelmäßig im selben Coworking-Space. An meinem ersten Tag war sie freundlich und hieß mich im Büro willkommen. Ich fühlte mich zu ihr hingezogen, sprach aber ein paar Wochen lang nicht mit ihr, da ich keine Ahnung hatte, was ich sagen sollte. Doch eines Tages sah ich sie allein an einem Schreibtisch sitzen und nahm den Mut zusammen, zu ihr zu gehen und sie zu fragen, ob sie mit mir zu Mittag essen wollte. Sie stimmte zu. Ich werde unsere erste Verabredung nie vergessen. Wir aßen zu Mittag und spazierten dann am Leeds-Liverpool-Kanal entlang. Sie hatte eine entspannte Art, die sich von Anfang an beruhigend auf mich auswirkte. Wir sprachen über meinen Autismus, ihr Unternehmen und das Leben im Allgemeinen. Sie hielt auch ständig Blickkontakt mit mir, was ich eigentlich noch nie bei einer anderen Frau erlebt hatte. Es war, als würde sie mich ‚sehen'. Zum ersten Mal hatte ich das Gefühl, mit einer Partnerin zusammen zu sein, bei der ich mich wirklich wohlfühlte. Sie war mir als Person wichtig, und nicht nur als Idee, sie als Freundin zu haben. Ich glaube, sie empfand dasselbe für mich. Wir trafen uns zwei Monate lang regelmäßig, und sie lernte sogar meine Eltern kennen.

Der Altersunterschied war jedoch ausschlaggebend dafür, dass wir uns schließlich getrennt haben. Ich war neunzehn und sie fünfundzwanzig. Ich habe einige sehr unreife Dinge gesagt und getan, die mir heute noch peinlich sind. Sie hat zum Beispiel versucht, mit mir über SMS im Büro zu flirten und ich wusste nicht, was ich tun sollte. Ich habe laut zu ihr herüber gerufen, um sie zu fragen, was sie meinte. Es waren noch andere Leute im Büro und das war nicht so toll, da sie unsere Beziehung für eine Weile geheim halten wollte. Aufgrund meines Autismus fällt es mir schwer, Geheimnisse zu bewahren, und sie fand heraus, dass ich allen von uns erzählt hatte. Sie hatte wahrscheinlich danach das Gefühl, dass sie mir nicht vertrauen konnte. Es gab dann auch noch andere peinliche Vorkommnisse. Ich erzählte ihr, dass ich mir, wie Mike Tyson, einen Tiger als Haustier kaufen und mir einen Abend wie Tony Soprano machen wollte (ich habe damals die TV-Serie „The Sopranos" regelrecht verschlungen) und dass ich mit einundzwanzig Millionär sein wollte (ich bin jetzt fünfundzwanzig und habe es immer noch nicht geschafft). Ich war traurig, als sie Schluss machte, und es tat eine Zeit lang sehr weh, da ich sie vermisste. So habe ich das erste Mal Liebeskummer erfahren, aber es hat mir auch gezeigt, dass ich erwachsen werden musste.

## EINER FRAU SAGEN, DASS ICH SIE MOCHTE, OBWOHL DAS GAR NICHT STIMMTE

Manchmal benahm ich mich einfach wie ein Idiot. Ich fing wieder an, in Diskotheken zu gehen, um meinen Liebeskummer loszuwerden. Ich nahm an Studentenabenden teil und quatschte alle möglichen Frauen an, wenn ich zu viel getrunken hatte. An einem dieser Nächte war ich auf der Tanzfläche und konnte aus dem Augenwinkel sehen, wie eine

Frau sich an mich heranmachte. Sie sprach mich an, und wir verstanden uns einigermaßen gut. Sie gab mir ihre Nummer und wir gingen ein paar Tage später ins Kino. Nach dem Date schrieb sie mir eine SMS, dass sie mich mochte. Mir ging es nicht so, aber ich schrieb zurück, dass ich sie auch mochte. Das war eine Lüge und ich hatte deswegen eine schlaflose Nacht. Ich musste sie am nächsten Tag anrufen, um ihr die Wahrheit zu sagen. Es war sehr peinlich und ich kam mir wie ein Idiot vor.

## MEINE ONLINE-DATING PHASE

Nach ein paar Jahren ging ich nicht mehr so oft in Diskotheken. Stattdessen habe ich mich auf Online-Dating-Plattformen wie Tinder, Bumble und Match angemeldet. Ich habe bei Match eine Frau kennengelernt als sie mir eine sehr lange, beeindruckende erste Nachricht schickte, die mich neugierig gemacht hat. Wir gingen essen, und sie war nett. Nach ein paar Dates gab es ein Problem. Sie machte keinen Augenkontakt mit mir und im Allgemeinen hatte ich das Gefühl, dass wir keine emotionale Verbindung hatten. Augenkontakt und Berührungen sind die non-verbalen Hinweise, auf die ich achte, um festzustellen, ob eine Beziehung nur eine Freundschaft oder etwas Romantisches ist. Schüchterne Frauen geben mir keine klaren Zeichen und daher brauche ich länger, um einzuschätzen, ob sie mehr als nur Freunde sein wollen. Ich habe ein Jahr lang den Kontakt zu dieser Frau verloren. Sie hat mir jedoch aus heiterem Himmel geschrieben, ironischerweise am Valentinstag, und wir haben uns wieder getroffen. Ich glaube, ich war zu diesem Zeitpunkt auch in einer Dating-Sackgasse. Dieses Mal dauerte die Beziehung etwas länger. Ich traf sogar ihre Eltern, die ein wunderschönes Bauernhaus in der Nähe der Three Peaks in den Yorkshire Dales besaßen. Sie hatten ein paar Katzen, die von der Frau vergöttert wurden. Sie rannte ihnen andauert hinterher, wobei sie mich völlig ignorierte. Ich habe mich mit ihren Eltern unterhalten, die sympathisch waren, und hatte das Gefühl, dass ich mich mit ihnen besser verstand als mit ihr. Das war für mich das Zeichen, dass ich die Beziehung beenden musste, da sie alles andere als romantisch war. Am nächsten Tag traf ich mich persönlich mit ihr, um Schluss zu machen.

Ich bin dann einige Zeit vereinzelt auf Dates gegangen, ohne eine tiefere Verbindung zu jemandem aufzubauen. Es ist schade, dass ich nicht versucht habe, mehr Spaß am Dating zu haben und über meine Fachinteressen zu sprechen, denn dann hätte ich einige unangenehme Erfahrungen vermieden und den Frauen mein wahres Ich gezeigt. Aufgrund meiner Paranoia geben mir Frauen unwillkürlich das Gefühl, im Rampenlicht zu stehen, was mein Dating-Leben stressig macht.

## DATING HERAUSFORDERUNGEN

Ich möchte euch hier einige der Hauptgründe nennen, warum ich das Dating so schwierig finde.

### Vertrauensprobleme

Wenn ich Menschen zum ersten Mal treffe, verhalte ich mich im Allgemeinen sehr verschlossen und verstecke mich hinter einer Fassade, als Abwehrmechanismus. Ich halte es für sehr schwierig, non-verbale Hinweise bei einem Date sofort zu verstehen. Deshalb brauche ich länger, um meiner Gesprächspartnerin zu vertrauen und ihr zu zeigen, wer ich bin. Manchmal habe ich viel zu früh mit Intimität (wie einem Kuss oder Händchenhalten) begonnen, um dem entgegenzuwirken, was sich auch für mich gezwungen anfühlte, da ich zu diesem Zeitpunkt noch nicht dazu bereit war.

## Mehrdeutigkeit

Mein Problem beim Dating ist, dass Menschen in solchen Situationen ihr Interesse oder Desinteresse gerne durch indirekte und non-verbale Kommunikation zum Ausdruck bringen. Diese Kommunikationsformen sind für mich sehr vieldeutig und haben mich in der Vergangenheit sehr verunsichert. Zum Beispiel in meiner ersten Beziehungserfahrung, wo die Frau ihr Desinteresse zum Ausdruck brachte, indem sie eine Woche bevor sie Schluss mit mir machte, nicht mehr auf meine SMS-Nachrichten antwortete. Ich verstand diese Andeutung nicht und es war schwierig, sie übers Telefon zu erreichen, um zu erfahren, was eigentlich los war. Es wäre viel besser gewesen, wenn sie ehrlich mit mir gewesen wäre und mir gesagt hätte, dass sie mich nicht mehr sehen wollte. Ich wäre viel besser mit der Situation zurechtgekommen, wenn sie mich nicht im Dunkeln gelassen hätte. Ich kann jetzt auch erkennen, dass ich damals aus den falschen Gründen angefangen habe, eine Beziehung zu suchen. Meine beiden Cousins haben schnell Freundinnen gehabt. Und als meine kleine Schwester dann einen Freund hatte, geriet ich in Panik, da ich noch nie eine langfristige Beziehung hatte. Ich erinnere mich noch an einen ‚Bonfire'-Abend bei Nan und Pops. Meine Cousins hatten ihre Freundinnen dabei und ich war allein gekommen. Ich wollte nur eine Freundin haben, um den Erwartungen unserer neurotypischen Gesellschaft zu entsprechen. Ich verstehe das jetzt und es hilft mir.

. . .

Dating und Beziehungen bleiben ein Rätsel für mich. Es hat mich in der Vergangenheit sehr belastet, dass ich eine Beziehung als das Einzige im Leben angesehen habe, was mich glücklicher machen kann. Diese Denkweise hat meine wenigen Dates viel zu wichtig für mich gemacht, wodurch ich so nervös wurde, dass sie einfach schieflaufen mussten. Ich habe jedoch das Gefühl, dass ich langsam hier ans Ziel gelange. Von allen war diese Lernkurve bisher die langsamste für mich. Man benötigt schließlich das Interesse von zwei Leuten, um eine Beziehung zu entwickeln, also liegt das zu 50 % außerhalb meiner Kontrolle. Ich muss mich daran erinnern, dass ich in anderen Bereichen so viel erreicht habe, weil ich meine Stärken zu meinem Vorteil genutzt und meine Schwächen überwunden habe. Es besteht die Hoffnung, dass ich das Dating-Rätsel irgendwann auch noch lösen werde.

### Hilfreiche Tipps aus Kapitel 10

- Versucht immer, euch getreu zu sein, anstatt eine Rolle zu spielen oder, wie ich, Fernsehfiguren wie Tony Soprano nachzuahmen. Ihr möchtet doch, dass euer Date euch so mag, wie ihr wirklich seid.
- Versucht nicht, euer erstes Date gleich in eine Beziehung umzuwandeln. Die Welt geht nicht unter, wenn es nicht funktioniert.
- Geht nur aus den richtigen Gründen eine Beziehung ein.

# KAPITEL 11
# DIE HERAUSFORDERUNGEN VON VERÄNDERUNGEN

Ich möchte euch nun von den Herausforderungen erzählen, die sich für autistische Menschen durch veränderte Situationen ergeben können.

Viele Autisten haben mit Veränderungen zu kämpfen, egal ob diese plötzlich passieren oder geplant sind. Eine Situation, die für neurotypische Menschen vielleicht keine große Sache ist, kann leicht dazu führen, dass sich ein Autist verloren oder überfordert fühlt. Während Veränderungen auch bei einer neurotypischen Person Stress auslösen können, kann es oft der Fall sein, dass sie für eine autistische Person weitergehende Herausforderungen hervorrufen. Ich, z.B., brauche länger, um Veränderungen zu akzeptieren, da ich unter der Angst vor dem Unbekannten leide, die es für mich schwierig macht, meine Komfortzone zu verlassen. Ich plane gerne im Voraus und fürchte mich vor allem, was von dem Bild abweichen könnte, das ich mir vorgestellt habe. Ich habe mein ganzes Leben lang mit den Herausforderungen von Veränderungen kämpfen müssen. Deshalb habe ich es mir zur Aufgabe gemacht, herauszufinden, warum ich Veränderungen und unvorhersehbare Situationen so schwierig finde, und

Lösungen zu finden, um flexibler zu werden. Ich nehme euch nun auf diesen Vorgang mit.

## WO HABEN MEINE SCHWIERIGKEITEN BEGONNEN?

In den Highschool-Klassen 7 bis 9 bereiteten wir uns bereits auf unsere ersten ernsthaften Prüfungen im 11. Schuljahr vor, um unseren GCSEs-Abschluss zu erhalten. Ich war froh, dass ich meine GCSEs in einer vertrauten Umgebung absolvieren konnte. Ich musste mich nur auf meine Arbeit konzentrieren und wurde nicht durch die Unruhe anderer Veränderungen abgelenkt. Ich dachte, dass die 10. Klasse der 9. Klasse ähneln würde, was allerdings völlig falsch war. Der enorme Anstieg von Anspruch und Erwartungen hat mich schockiert. Die Lehrer erinnerten uns immer wieder daran, dass unsere Noten in der 10. und 11. Klasse für unsere zukünftige Karriere ausschlaggebend sein würden, was mir große Angst machte. Ich fühlte mich wie ein Passagier, der keine Kontrolle über die Situation hatte. Alles ging zu schnell, was die Präsentation des Lernstoffes durch die Lehrer und den Arbeitsaufwand für meine Hausaufgaben anging. Meine Mutter versicherte mir, dass es nur eine Phase, eine ‚Transition' (Übergang) sei. Das hat mir allerdings nicht geholfen, da ich den Sinn damals einfach nicht verstand. Ich hatte die Zielrichtung auf all meine Ambitionen verloren und fühlte mich so allein, als wäre ich in einer tiefen, dunklen Höhle gefangen. Dann erreichte meine Mutter trotz all ihrer geduldigen Unterstützungsbemühungen einen Punkt, an dem sie das Gefühl hatte, nicht mehr weiterzukommen. Was sie sagte und tat, um mich in der Schule auf dem richtigen Weg zu halten, drang bei mir nicht mehr ein. Stattdessen schmollte ich und gab ihr überhaupt keine Resonanz mehr. Ich verstand nicht, dass sie nur versuchte, mich zum selbstständigen Arbeiten anzuregen. Ich

fand, dass die Formulierung der Fragen auf meinen
Hausaufgabenblättern viel komplizierter war. Ich hatte Mühe,
die Bedeutung und den Kontext der Fragen zu verstehen und
verbrachte viel mehr Zeit mit Hausaufgaben als nötig. Ich
hatte das Gefühl, dass ich den ganzen Tag endlos
Schularbeiten machte. Meine Mutter versuchte mir Tipps
zum Erledigen meiner Hausaufgaben zu geben, damit ich
mehr Freizeit haben konnte. Ich war jedoch stur und sagte,
dass ich alles selbst herausfinden wollte. Ich hatte es satt, dass
in der Schule ein Lernbegleiter neben mir saß, und sah meine
Hausaufgaben als eine Gelegenheit, meine Unabhängigkeit zu
demonstrieren. Ich verstand damals nicht, wie viel
Unterstützung ich brauchte. Ich machte mir viel zu viele
Sorgen darüber, mich mit meinen Schulkameraden zu
vergleichen und hielt an dem Groll, dass sie mit der
Veränderung viel besser umgehen konnten als ich, fest. Am
Ende wurde meine Arbeitsbelastung unüberschaubar. Der
Zusammenbruch kam, als ich eines Abends meine Physik-
Hausaufgaben machte und so schmollte, dass ich keine ganzen
Sätze sprechen konnte, als meine Mutter mir Fragen stellte.
Ich stotterte und murmelte zusammenhangsloses Zeug. Das
ging etwa eine halbe Stunde lang hin und her, bis sich mir der
Kopf drehte. Ich hatte die Erwartungen, meine Hausaufgaben
innerhalb eines für mich unrealistischen Zeitrahmens
erledigen zu müssen, so satt. Es war auch bedauerlich, dass ich
mich auf die Fortschritte anderer konzentrierte und nicht auf
meine eigenen. Dadurch habe ich meine eigenen Bedürfnisse
vernachlässigt und mich stattdessen selbst verabscheut. Ich
wusste, dass ich die Unterstützung meiner Familie und Lehrer
hatte, aber das spielte keine Rolle mehr, da mein wachsendes
Selbstmitleid die Oberhand gewann und alles andere verzerrte.
Ich war einem Zusammenbruch nahe und meine Mutter
auch. Zum ersten Mal verlor sie die Geduld und ärgerte sich
über mich. Ich war seit Beginn des Schuljahres so negativ

eingestellt, dass sie das Gefühl hatte, sie könne einfach nicht zu mir durchdringen. Sie sagte mir, dass sie versuchen würde, einen Privatlehrer für mich zu finden. Sie habe das Vertrauen verloren, dass ich unter ihrer Aufsicht meine GCSEs bestehen würde. Ich hatte sie noch nie zuvor so niedergeschlagen gesehen. Das erschütterte mich und machte mir genug Angst, um ihr zu versprechen, dass ich mich ändern würde. Als die Gefühle wieder auf normalem Niveau waren, entschuldigte sich meine Mutter für ihr mangelndes Selbstvertrauen. Sie erklärte erneut, dass ich immer mit Übergängen zu kämpfen haben würde, und dieses Mal habe ich tatsächlich zugehört. Es ergab für mich jetzt Sinn und half mir endlich zu verstehen, warum ich mich in einer neuen Situation auf eine bestimmte Weise verhielt. Ich brauchte den Ausbruch ihrer Frustration, um das zu registrieren. Allerdings fürchtete ich mich danach noch lange vor Veränderungen, da ich wusste, dass unerwartete Hürden mich ängstlich und deprimiert machen würden.

Ich möchte euch nun erklären, was Übergänge, oder Transitionen, sind, was sie für mich bedeuten und euch schlechte und gute Beispiele und ihre Auswirkungen auf mich zeigen. Indem ich euch meine Transitions-Geschichten erzähle und Lösungen vorschlage, hoffe ich, dazu beizutragen, Veränderungen für alle Beteiligten ein wenig einfacher zu gestalten.

## DAS T-WORT – TRANSITION

Einige von euch kennen die Definition einer Transition sicher bereits. Für diejenigen von euch, die sich nicht sicher sind, findet ihr hier die Bedeutung.

Als **Transition** (lat. Transitus = Übergang, Durchgang) werden bedeutende Veränderungen im Leben eines Menschen beschrieben, die bewältigt werden müssen. [1]

---

Transitionen können kritische Phasen in der Entwicklung einer autistischen Person sein. Bei richtiger Handhabung helfen sie autistischen Menschen, Hürden zu überwinden, ihre Grenzen zu überschreiten und sich zu entfalten. Andererseits können schlechte Übergänge das Selbstvertrauen, das eine autistische Person über einen langen Zeitraum sorgfältig aufgebaut hat, zerstören und zu Rückschritten führen. Diese Erklärung hilft euch hoffentlich, die Bedeutung eines Überganges für eine autistische Person zu verstehen. Unbeabsichtigt können die Handlungen von neurotypischen Menschen in einer solchen Phase dazu führen, dass Autisten sich verloren, unbedarft oder alleingelassen fühlen. Und das liegt einfach daran, dass neurotypische Menschen sich des Ausmaßes der Auswirkungen, die die Veränderungen auf Autisten haben können, nicht bewusst sind.

## WAS EIN ÜBERGANG FÜR MICH BEDEUTETE

Ich erinnere mich, dass bei manchen Übergängen alles, was ich zuvor erreicht hatte, einfach verschwand. Ich habe mich auch sofort auf alle negativen Aspekte jeder neuen Situation konzentriert. Durch meine negative Einstellung kam zu den beunruhigenden Auswirkungen eines Überganges noch Selbstkritik dazu, was noch mehr Stress verursachte. Ich verurteilte mich selbst dafür, dass ich nicht in der Lage war, neue Situationen zu akzeptieren, und hasste meinen Autismus, weil er mir Grenzen auferlegte. Überdies erzeugte meine Überempfindlichkeit irrationale Gedanken, wie: „Ich bin so weit hinter allen anderen zurück; warum soll ich mich überhaupt anstrengen?" Ich hatte das Gefühl, für alle eine Last zu sein, fühlte mich schwach, verloren und unbedarft. Erst als ich mich auf Beruhigungsstrategien konzentrierte, um den anfänglichen Schmerz der Veränderungen zu überwinden, erkannte ich, wie sinnlos mein Verhalten gewesen war. Ich stellte fest, dass ich die wichtigsten Erkenntnisse durch Selbstreflexion erlangen konnte. Ich hatte mich zum Beispiel immer davor gescheut, bei jedem Übergang Fragen zu stellen. Ich fürchtete die Demütigung, dumme Fragen zu stellen oder die andere Person zu verärgern. Stattdessen isolierte ich mich. Daher war ich mir nie sicher, was von mir erwartet wurde. Es war, als würde ich ziellos im Dunkeln herumstolpern. In der Schule schrieb ich sieben Seiten eines Aufsatzes, bevor ich herausfand, dass ich die Aufgabe missverstanden hatte. Es war, als würde ich fast jedes Mal in die entgegengesetzte Richtung gehen, in die ich hätte gehen sollen. Dann würde ich mich doppelt so hart selbst beschuldigen. Das Gefühl der Demütigung (weil ich keine Fragen stellte) und das Wissen, dass ich noch einmal von vorn anfangen musste, verwandelten meinen Kopf in einen Schnellkochtopf mit Überdruck. Nach ein paar Zusammenbrüchen sprach ich schließlich mit meiner Mutter. Sie machte mir klar, dass es mir noch mehr Kummer während eines Überganges bereitete, wenn ich nicht eingestand, dass ich Schwierigkeiten hatte, und nicht um Hilfe bat. Sobald ich das verstanden und darauf reagiert hatte, wurden Übergänge kontrollierbarer, obwohl sie immer eine Herausforderung bleiben werden.

. . .

In den folgenden beiden Kapiteln gebe ich euch Beispiele für gute Transitionen und einen besonders schlechten Übergang. Ich hoffe es freut euch, dass ich beide Erfahrungen analysiere und euch am Ende von Kapitel 13 einige nützliche Tipps zum Thema Übergänge gebe.

# KAPITEL 12
# GUTE ÜBERGÄNGE

In Kapitel 7 beschrieb ich die Hilfe, die ich von meinen Lehrern erhielt, und die angemessenen Anpassungen, die meine Schule für mich während der schwierigen Zeit meiner Abiturprüfungen vornahm. Es war das erste Mal, dass ich eine positive Übergangszeit hatte, und ich stellte fest, dass diese Erfahrung mir ermöglichte mein Bestes zu geben und mich zu entfalten. Ich möchte euch zwei weitere Beispiele für gute Übergangszeiten vorstellen, da diese auch gut aufzeigen, wie positive Übergangserfahrungen zu meinen Erfolgen beigetragen haben.

## AN DER UNIVERSITÄT

Da ich zur Universität in meiner Heimatstadt ging, beschloss ich, das erste Jahr zu Hause weiterzuleben. Es wäre für mich viel zu überwältigend gewesen, mich gleichzeitig mit einer neuen Wohnumgebung und neuen Bildungsanforderungen vertraut zu machen. Und da ich damit rechnete, dass die Arbeitsbelastung massiv ansteigen würde, war ich noch nicht bereit, die Verantwortung für meinen eigenen Haushalt und die damit verbundenen Ausgaben zu übernehmen. Nach meinen beiden Erfahrungen zu Beginn meiner GCSEs und A-Levels wollte ich hier einen positiven Start haben.

**Freshers Woche**

Im Sommer bekam ich, E-Mails über die Veranstaltungen der ‚Freshers Week' im September, einer Einführungspartywoche für Universitätsneulinge in Großbritannien.

Das ‚Icebreaker-Event', von dem alle auf den Social-Media-Plattformen schwärmten, interessierte mich schon. Meine Erfahrungen mit meinen Schulfreunden in Diskotheken zu gehen waren in Ordnung gewesen. Im Allgemeinen sind laute Musik mit blinkenden Lichtern und um mich herum tanzenden Menschen jedoch eine Qual für mich. Und die Vorstellung, mich unter Fremden in den Clubs wiederzufinden, löste bei mir sofort Angst aus. Ich wusste, dass die Erwartung darin bestand, schnell neue Beziehungen aufzubauen. Aber bedingt durch meine gesellschaftliche Unbeholfenheit hätte ich mich nicht an dem Spaß beteiligen können und das Gefühl gehabt, eine Belastung für alle zu sein. Dies wiederum hätte dazu geführt, dass ich mich unzulänglich und elend gefühlt hätte, was ein schlechter Anfang meiner Universitätserfahrung gewesen wäre. Es war für mich jedoch ein Dilemma, da ich mich verpflichtet fühlte, mitzumachen. Ich dachte, dass jeder Student im Erstsemester ganz selbstverständlich teilnehmen würde. Ich verspürte wieder einmal den Druck, mich anpassen zu müssen. Aber letztendlich habe ich beschlossen, nicht teilzunehmen und das war eine große Erleichterung. Heute weiß ich, dass noch zu Hause zu leben und nicht zur Freshers Week zu gehen gute Entscheidungen waren. Ich habe auch daraus gelernt, meinem Bauchgefühl zu trauen.

. . .

**Meine erste Vorlesung**

Ich kann mich noch erinnern, wie hektisch meine erste Vorlesung war. Als neuer Autofahrer hatte ich etwas Angst davor, zu unbekannten Zielen zu fahren. Ich habe die verschiedenen Routen auf Google Maps recherchiert, mich über die Parkmöglichkeiten informiert und vor dem großen Tag mehrere Übungsläufe auf der Route und zum Parkplatz gemacht. Als der Tag kam, sah es so aus, als würde ich pünktlich sein, bis ich direkt vor der Universität in einen Stau geriet. Am liebsten wäre ich aus meinem Auto gesprungen und hätte es dort stehen lassen, um an der Warteschlange vorbeizurennen. Ich schätzte Zuverlässigkeit und Pünktlichkeit, und meinen neuen Hochschullehrer wegen meiner Verspätung bei der Vorlesung zu verärgern, war das Letzte, was ich wollte. Ich geriet in Panik, hielt es aber gerade so zusammen. Als ich dann müde und spät im Seminarraum ankam, war der Dozent entspannt und begrüßte mich mit einem Lächeln. Das kam mir seltsam vor, da ich in der Schule und in der Oberstufe in Schwierigkeiten geraten wäre. Es zeigte mir, dass ich jetzt erwachsen war und es meine Entscheidung war, hier teilzunehmen.

In meiner ersten Vorlesung ging es um Website-Entwicklung, wo ich die Grundlagen des Website-Designs erlernte. Der Dozent demonstrierte, wie man mit Adobe-Software eine Webseite gestaltet. Jedes Element auf einer Webseite befand sich innerhalb einer Design-Ebene. Ich war erstaunt und glücklich, das so gut nachvollziehen zu können, da es den Strukturen in meinem Kopf ähnelte. Wie ihr euch vorstellen könnt, hat es mich sofort fasziniert. Die Fächer an der Universität waren im Vergleich zur Oberstufe deutlich spezialisierter. Die Tatsache, dass ich zum ersten Mal die

Gelegenheit hatte, mich nur auf meine Interessen zu konzentrieren, erleichterte diesen Übergang viel für mich.

**Universitätsumfeld**

An meinem ersten Tag führte mich meine Lernmentorin durch den Campus. Ich konnte nicht glauben, wie viel freier ich mich dort fühlte im Vergleich zu meiner Schule.

Mein Campus an der Leeds Beckett University befand sich in Headingley, in alten Gebäuden, die von Bäumen und Parklandschaften umgeben waren. Es war eine vertraute Umgebung, da sie meiner Schule ähnelte. Der Campus war aber besser ausgestattet als die Schule mit, unter anderem, einem Hühnchen-Imbiss wie KFC, Café wie Starbucks und Minisupermarkt. Die Hörsäle verteilten sich viel umfangreicher auf ein Hauptgebäude und mehrere Kleingebäude. Im Hauptgebäude gab es einen Leasingschalter, an dem ich die Ausrüstung für bestimmte Projekte erhalten konnte. Für die Pausen vom Lernen gab es ein Fitnessstudio, das ich regelmäßig in meinem ersten und zweiten Jahr besuchte.

Als meine Lernmentorin mich an diese Orte mitnahm, erfüllte mich das eher mit Begeisterung als Angst. Das war schon mal ein guter Anfang. Ich habe auch sofort neue Freundschaften geschlossen. Während der Suche nach dem Raum für eine meiner Vorlesungen, stieß ich auf ein paar Studenten, die vor einer Tür standen. Ich fragte, ob dies der richtige Hörsaal sei und zeigte ihnen meinen Stundenplan. Sie waren sich nicht sicher und suchten nach demselben Raum wie ich. Gemeinsam haben wir schließlich den richtigen Raum gefunden und uns sofort gut verstanden, da wir hauptsächlich über Fußball gesprochen haben.

## Erstes Jahr

Obwohl der Übergang an die Universität fast reibungslos war, hatte ich doch mit der erhöhten Arbeitsbelastung zu kämpfen. In meinem ersten Semester habe ich etwa 70 Stunden pro Woche gearbeitet. Meine Mutter und ich wurden eingeladen, an einem Prototyping-Meeting für die Website eines Autismus-Forschungsprojekts teilzunehmen, das von meinem Kursleiter geführt wurde. Wir erzählten ihm von meiner hohen Arbeitsbelastung und er riet mir, meine Arbeitszeit zu halbieren. Ich denke, es lief anfangs schief, da ich in der ganzen Aufregung meinen strukturierten Ansatz aufgegeben hatte. Nachdem ich diesen erneut einsetzte, bemerkte ich sofort einen Unterschied. Ich war in der Lage, meine Arbeitszeit zu reduzieren und meine Arbeiten zwei bis drei Tage vor Abgabetermin einzureichen.

Wir mussten zudem Gruppenprojekte durchführen, die sich über das ganze Jahr erstreckten. Ich fand das ungeheuer frustrierend. Aufgrund meines Bedarfs an Zuverlässigkeit und Pünktlichkeit wollte ich ein Projekt so schnell wie möglich anfangen und vor Ablauf der Frist abgeben. Allerdings arbeiteten die anderen Studenten ganz anders. Sie ließen alles bis zur letzten Minute und ich war oft der Einzige, der in unserem Gruppenchat Nachrichten mit neuen Ideen schickte. Es dauerte ewig, bis ich Antworten von den anderen Teammitgliedern bekam, und sie nahmen auch nicht wie ich an jeder Vorlesung teil. Das hat bei mir Angst ausgelöst, da die Fristen immer näher rückten. Die Erledigung der Aufgaben lag hier außerhalb meiner Kontrolle und ich wollte nicht an der Untätigkeit anderer Leute scheitern. Letztendlich haben die anderen die Arbeit dann doch geleistet, und wir sind nicht durchgefallen. Obwohl es für mich eine qualvolle Erfahrung war, gelang es mir, positiv zu bleiben, was mir für mich ein Erfolgserlebnis war. Mein erstes Jahr an der Universität war auch das erste

Mal, dass eine Übergangszeit meine mentale Gesundheit nicht beeinträchtigt hatte. Es gab mir das Vertrauen, dass ich Übergänge und die damit verbundenen Veränderungen bewältigen konnte. Die Zukunft sah für mich viel rosiger aus.

**Zweites Jahr**

Ich hatte mit der Trennung von meiner ersten Freundin zu Beginn meines zweiten Studienjahres zu schaffen. Das hat mich für eine kurze Weile abgelenkt. In diesem Jahr mussten wir mit einem Live-Kunden zusammenarbeiten, um für ihn vom Design bis zur Entwicklung eine neue Website zu erstellen. Für mich, war dieser Kunde mein Schulfreund, der damals einen Imbiss betrieb. In der Entwurfsphase habe ich mir ein Design ausgedacht, das laut meines Dozenten eher wie eine Website für eine Autowerkstatt aussah. Ich ließ zunächst den Kopf hängen, aber mein Dozent versicherte mir, dass ich meine Arbeit problemlos überarbeiten könnte. Anstatt zu schmollen, beschloss ich, einen Termin mit ihm zu vereinbaren, damit er mir zeigen konnte, wie ich mein Design verbessern konnte. Dieses Treffen zeigte mir wieder, wie wichtig es für mich ist, um Hilfe zu bitten, da es eine der wertvollsten Maßnahmen ist, um meine Schwierigkeiten zu überwinden.

Nach Beendigung meines zweiten Jahres hatte ich die Möglichkeit, ein Praktikumsjahr zu absolvieren. Das bedeutete, dass ich ein ganzes Jahr in einer Medienagentur arbeiten würde, bevor ich zur Universität zurückkehrte, um mein Studium im dritten Jahr abzuschließen. Ich war zunächst besorgt über den Bewerbungsprozess und darüber, wie sich dies auf meine Ängste auswirken würde, aber dank meiner Lernmentorin war dieser Prozess letztendlich ganz einfach. Ich war ganz aufgekratzt, als ich ein Angebot von einer Agentur bekam, bei der ich die nächsten sechzehn Monate arbeiten würde.

## MEIN PRAKTIKUMSJAHR

Ich teilte meinem neuen Arbeitgeber gleich mit, dass ich autistisch bin und welche Vorbereitungen ich für meinen ersten Tag benötigte. Ich bat um eine Wegbeschreibung und Fotos des Bürostandorts, um mir die Angst vor dem Unbekannten zu nehmen. Sie gaben mir gerne diese Auskünfte und ich fühlte mich gleich zuversichtlich, dass alles gut laufen würde. Ein paar Tage bevor ich anfing, fuhr ich die Strecke zum Bürostandort und nahm mir Zeit, die Umgebung kennenzulernen. Das hat mir geholfen, da ich mir an meinem ersten Arbeitstag keine Sorgen mehr über eine ungewohnte Route machen musste. Als ich an meinem ersten Tag im Büro ankam, konnte ich gleich sehen, wo mein Schreibtisch war, da meine Kollegen ihn mit einem Luftballon und anderen Sachen dekoriert hatten. Es überraschte und begeisterte mich auch, dass ich ein Triple-Screen Set-up (simultane Arbeit an drei Monitoren) hatte. Die erfolgreiche Entwicklung von Websites erfordert viel Multitasking, und der Triple-Screen hat mir dabei geholfen. Das Team war freundlich und alle begrüßten mich mit Handschlag und sorgten dafür, dass ich mich wie zu Hause fühlte. Für mich war dies eine weitere positive Übergangserfahrung. Die beiden anderen Website-Entwickler haben mir beigebracht, wie man eine Website mit Server und Datenbank einrichtet, was für mich ein großer neuer technischer Lernprozess war. In meinen ersten zwei Jahren an der Universität hatte ich nur Erfahrung mit den Grundlagen der Programmierung einer Website erlernt.

## Entspannte Atmosphäre

Die Atmosphäre im Büro war sehr entspannt, da es sich um eine kleinere Agentur handelte. Wir hatten morgendliche Treffen, bei denen wir Fragen stellen und Antworten geben konnten, indem wir einen Ball an den nächsten Redner weitergaben. Es war eine Übung, um uns in den Rhythmus des Tages einzuführen. Außerdem konnte ich dadurch alle viel schneller kennenlernen. Ich hielt es für clever, da es uns dabei half, produktiver zu sein.

Einer meiner Dozenten kam vorbei, um zu sehen, wie ich zurechtkam. Er merkte sofort, wie gut die Stimmung war und äußerte sich dazu. Meine Kollegen wussten, dass ich Autist war und sagten immer, sie wollten mir bei allen Schwierigkeiten helfen. Ich muss zugeben, dass ich ihre Geduld ein- oder zweimal auf die Probe gestellt habe. Das Codieren und Arbeiten an einer Website erfordert viel Multitasking. Es fiel mir manchmal schwer, das zu verarbeiten. Ich habe auf einer Website einen einschneidenden und peinlichen Fehler gemacht. Zum Glück hat mein Manager es geschafft, alles wiederherzustellen. Er sagte mir, ich solle mir keine Sorgen machen und daraus lernen.

## Ins Fitnessstudio gehen

In der Nähe des Büros gab es ein Fitnessstudio. Ich hatte meine Mitgliedschaft im Studio der Universität gekündigt, um mich auf das Heimtraining zu konzentrieren, und war seit etwa fünf Monaten nicht mehr im Fitnessstudio gewesen. Ein paar meiner Kollegen, die dort in der Mittagspause oder nach der Arbeit trainierten, ermutigten mich dazu, mich auch anzumelden. Sie brachten mir die richtigen Übungen mit freien Gewichten bei, wie Bankdrücken, Kreuzheben und Kniebeugen. Bankdrücken war dabei mein Lieblingstraining. Ich liebte das Gefühl, wenn meine Brustmuskeln schmerzten und meine Arme zitterten, während meine Kollegen mich mit *Spotting* dabei unterstützten. Ich war fest entschlossen, immer mehr heben zu können. Es gab auch einen Boxsack und einen Ring. Ich kaufte mir Boxhandschuhe und probierte es aus, während ich Muhammad Ali, Mike Tyson und Roy Jones Jr. Videos anschaute, um zu lernen und mich wie diese Boxer zu fühlen. Ich habe mich immer großartig gefühlt, wenn ich nachmittags aus dem Fitnessstudio an meinen Arbeitsplatz zurückkehrte. Gelegentlich veranstalteten wir einen Planking-Wettbewerb, bei dem wir unseren Körper so lange wie möglich auf unsere Unterarme gestützt hochhalten mussten. Die meisten Kollegen hielten maximal drei Minuten durch. Einer meiner Kollegen und ich lieferten uns ein Kopf-an-Kopf-Rennen. Er hielt fünf Minuten durch, während ich sieben Minuten schaffte. Ich war der Unterarmstütz-Champion. Es gab mir das Gefühl, dass ich „endlich etwas besser konnte als andere", und hat mein Selbstvertrauen enorm gestärkt.

**Kauf meines zweiten Autos**

Als ich meine ersten Gehälter bekam, fing ich auch an, darüber nachzudenken, ob ich meinen Fiesta ersetzen sollte. Ich sah die schönen Autos, die einige meiner Kollegen fuhren. Da ich mich für die Formel 1 interessierte und schnelle Autos mochte, habe ich natürlich mein Auto mit ihren verglichen. Dabei habe ich nicht daran gedacht, dass sie zehn Jahre älter waren als ich und ihre Versicherungsprämien deutlich weniger kosteten als meine.

Ich habe dann sechs Monate lang aufs Ausgehen und andere Dinge verzichtet, um zu sparen. Ich hatte mich für einen BMW entschieden und fand schließlich bei einem Händler in Manchester ein älteres Modell. Es war in ausgezeichnetem Zustand, ich habe mich bei meiner

Probefahrt darin sehr wohlgefühlt und die Versicherung hat nicht so viel gekostet wie erwartet. Ich habe es gekauft, musste aber wieder zwei Wochen warten, bis ich es bekommen konnte. Ich habe das Auto dann an meinem 21. Geburtstag abgeholt, der Zeitpunkt war also gar nicht so schlecht. Es war toll, mit meinem BMW auf der Autobahn zu fahren, da er sich im Vergleich zu meinem vorherigen Auto so sportlich und spritzig anfühlte. Ich konnte es kaum abwarten, mit Nan und meiner Tante damit eine Spritztour zu machen und ihn meinen Arbeitskollegen zu zeigen. Und da an diesem Abend meine Geburtstagsfeier war, zeigte ich allen Gästen mein neues Auto. Ein oder zwei haben sogar Fotos gemacht, weil es so gut aussah. Für mich war der Kauf dieses Autos ein wichtiger Meilenstein. Ich war überzeugt, dass ich eines Tages auf eigenen Beinen stehen und ein unabhängiges Leben führen könnte.

**Abschied**

Nach sechzehn Monaten bei der Agentur verabschiedete ich mich, um mein Studium fortzusetzen. Ich wäre gerne dortgeblieben. Alle, von den Website-Entwicklern bis zu den Reinigungskräften, gaben mir das Gefühl, Teil des Teams zu sein. Ich fand es toll, wie alle gemeinsam bestrebt waren, Projekte vom Anfang bis zum Ende auf höchstem Niveau abzuschließen. In meinen sechzehn Monaten kamen und gingen Leute im Unternehmen, aber das hat mich nicht beunruhigt.

An meinem letzten Tag luden mich meine Kollegen zum Abschiedsessen in einen meiner Lieblingspubs in der Nähe ein, das White House am Roundhay Park. Sie brachten mich mit einem Abschieds-Quiz in Verlegenheit. Einige Fragen waren vernünftig, andere etwas ungehobelt. Es ist schade, dass ich mich nicht an die genauen Fragen erinnern kann, aber ich bin mir sicher, dass meine Antworten nicht besonders gescheit waren. Als ich dann endlich ging, umarmte ich meine Kollegen oder schüttelte ihnen die Hand. Ich ging erhobenen Hauptes über den Parkplatz zu meinem neuen Auto.

## EINE ZUSAMMENFASSUNG DESSEN, WAS GUT GELAUFEN IST

Diese beiden Erfahrungen trugen entscheidend dazu bei, mein Selbstvertrauen und meine Unabhängigkeit zu stärken. Ich habe vier Faktoren identifiziert, die diese Übergänge so gut gemacht haben, und ich halte es für wichtig, dass ich sie euch mitteile.

### Das Gelernte in die Tat umsetzen

Während meines Abiturs hatte ich gelernt, dass ich um Hilfe bitten musste, wenn ich Probleme hatte. An der Universität und während meines Praktikumsjahres habe ich ständig um Hilfe gebeten. Manchmal wartete ich nicht, bis ich Schwierigkeiten hatte, und bat schon dann um Unterstützung, wenn ich Probleme vorhersehen konnte. Zum Beispiel, bevor ich bei der Agentur anfing, habe ich meinen Autismus angekündigt und nach einer Wegbeschreibung zu den Büros gefragt.

Zudem vertraute ich meinem Bauchgefühl, als ich mich entschied, während meines Studiums zu Hause zu wohnen und nicht an den Events in der Erstsemesterwoche teilzunehmen, um nicht überfordert zu sein.

Ich bewältigte dann auch die herausfordernde Situation mit der Gruppenarbeit, indem ich mich daran erinnerte, positiv zu denken.

. . .

## Kennenlernen meiner Umgebung

An der Universität führte mich meine Lernmentorin an meinem ersten Tag durch die Räumlichkeiten und stellte mir die Einrichtungen der Universität vor, sodass ich meine neue Umgebung kennenlernen konnte. Viele autistische Menschen kämpfen mit der Angst vor unbekannten Umgebungen, was sie davon ablenken oder sogar daran hindern kann, in ihrem Leben voranzukommen. Nehmt euch die Zeit, euch mit neuen Umfeldern vertraut zu machen. Das kann einen großen Unterschied machen. Genau das habe ich ja auch für meinen ersten Tag in der Agentur gemacht, als ich mich vorher mit dem Weg ins Büro vertraut gemacht habe.

## Angemessene Anpassungen

Dank meiner Lernmentorin und der Unterstützung meiner Dozenten hatte ich die gleichen Chancen wie meine neurotypischen Kommilitonen, meinen Universitätsabschluss zu machen.

In der Praktikumsagentur erhielt ich wegen meines Autismus von meinen Vorgesetzten und Kollegen die nötige Unterstützung, um meine Aufgaben verstehen, erlernen und ausführen zu können. Für eine autistische Person können solche Anpassungen den Unterschied zwischen Misserfolg und Erfolg ausmachen und sollten niemals auf die leichte Schulter genommen werden.

## Meine Grenzen testen

Ich muss diesen Punkt erwähnen, da es für mich eine neue Erfahrung war, mich dazu zu bringen, über meinen Schatten zu springen. Meine Entscheidung, mich für ein Praktikumsjahr zu bewerben und meinen Universitätsabschluss um ein Jahr zu verschieben, war eine große Sache für mich. Es brachte mich von meinem Plan, die Universität innerhalb von drei Jahren abzuschließen, und von dem Umfeld, das mir vertraut geworden war, ab. Aber ich wusste damals, dass dieser Schritt meine Beschäftigungschancen erhöhen und mich auf die Aufgaben nach meinem Abschluss in einer Agentur vorbereiten würde.

Der Kauf eines neuen Autos war eine weitere Möglichkeit, meine Grenzen zu testen. Mein Instinkt wäre gewesen, alle meine Einnahmen für einen regnerischen Tag aufzusparen und meinen vertrauten Fiesta zu behalten, um mich beim Fahren sicher zu fühlen. Aber ich wusste auch, dass ein neues Auto, mit meinem verdienten Geld gekauft, mir einen enormen Selbstvertrauensschub geben würde.

Als ich für dieses Buch über meine guten Übergänge nachdachte, konnte ich deutlich sehen, wie viel sie zu meinen Erfolgen beigetragen haben.

## MEINE ERFOLGSGESCHICHTEN NACH GUTEN ÜBERGÄNGEN

Um dieses Kapitel schön abzurunden, möchte ich hier einige der Erfolge erwähnen, die ich aufgrund dieser positiven Übergänge hatte. Meine Erfolge in der Schulzeit gehören hier auch dazu.

### GCSEs und A-Level-Ergebnisse

Am GCSEs-Ergebnistag erfuhr ich, dass ich neun Noten B (gut) und zwei Noten C (befriedigend) erreicht hatte. Zu Beginn des zehnten Jahres hätte ich nicht im Traum daran gedacht, diese Noten zu erreichen. Die erfolgreichen

Anpassungen während der Übergangszeit hatten mir hier geholfen.

Das zweite Abitur-Jahr fing zwar mit dem Druck an, mich an den Universitäten zu bewerben, aber insgesamt war der Übergang in die 13. Klasse recht gut. Ich war viel besser mit den Anforderungen meines Abiturs vertraut und kam mit meinen Kursarbeiten voran. Ich hatte immer noch Probleme mit den Prüfungen, aber ein neuer Aushilfslehrer für Medienwissenschaften bot mir an, mir bei der Verbesserung meiner Prüfungstechniken zu helfen. Das hat für mich einen entscheidenden Unterschied gemacht. Er hatte einen schwarz-auf-weißen Charakter, daher haben wir gut zusammengearbeitet. Er lobte mich, wenn ich Fragen gut beantwortete; und wenn das nicht so war, war er gnadenlos ehrlich. Innerhalb weniger Monate war mein Umgang mit Prüfungen wie ausgewechselt. Ich konnte den Kontext einer Frage erheblich besser erkennen und sie viel schneller beantworten. Ich habe bei allen meinen Prüfungen die Noten B und C erhalten, anstelle der D und E Noten vom Vorjahr. Das Ergebnis war, dass ich alle Prüfungen bestanden habe und mein Abitur mit drei B Noten abschloss. Das war fantastisch für meine Studienaussichten. Ich habe mich an einigen Universitäten beworben und bedingte Angebote mit Bezug auf meine erwarteten Noten erhalten. Dann, kurz vor Weihnachten 2014, erhielt ich von der Leeds Beckett University ein bedingungsloses Angebot für den Studiengang „Creative Media Technology". Dies eliminierte den Druck für den Rest des 13. Jahres und war ein weiterer Faktor, der mir geholfen hat, viel bessere Leistungen zu erbringen.

### Mein Praktikumsjahr

Ich habe eine fantastische Empfehlung vom Leiter der Medienagentur erhalten. Sie konnten mir damals leider keinen

Job anbieten. Aber das war in Ordnung, denn ich war bereit, etwas anderes zu erleben. In der Referenz schrieb er, dass ich die Verantwortung für die Aktualisierungen der Kunden-Websites übernommen hatte, sodass alle Websites auf dem neuesten Stand waren, korrekt getestet und bereitgestellt wurden. Ich hatte erfolgreich Unterstützungsverträge im Wert von £300.000 betreut. Und für mich lag ein weiterer Erfolg auch darin, während meiner sechzehn Monate bei der Agentur mein eigenes Geld zu verdienen, um von meinen Ersparnissen mein neues Auto kaufen zu können.

**Mein Studiums Abschluss**

Als ich im September 2018 an die Universität zurückkehrte, war ich zuversichtlich, einen erstklassigen Abschluss erreichen zu können.

Es war nervenaufreibend darauf zu warten, dass die Prüfer die Ergebnisse hochluden. Ich hoffte auf einen First-Class-Honours-Abschluss. Allerdings gab es in den letzten Jahren ein paar Module, bei denen ich mir nicht ganz sicher war. Ich dachte, meine schwächsten Module würden es entscheiden, ob ich einen First-Class-Abschluss oder einen 2:1-Abschluss bekommen würde. Auf die eine oder andere Weise ein tolles Ergebnis, aber ich wollte mit einem erstklassigen Abschluss allen – und mir selbst – beweisen, dass man mich nicht unterschätzen sollte. Als der Tag der Ergebnisse schließlich kam, klopfte mein Herz schneller, als ich auf den Link klickte und sah: „First-Class-Auszeichnung für Callum Gamble"! Ich sprang auf und ab und schrie wie ein Verrückter. Was ich mir erträumt hatte, war nun Wirklichkeit. Meine Schwester hörte mich feiern. Als sie in mein Zimmer kam, umarmte ich sie fest. Sie war genauso begeistert wie ich. Meine Eltern waren zu der Zeit nicht zu Hause. Ich rief meine Mutter an, die gerade einen Deutschkurs für Erwachsene unterrichtete. Sie nahm den Anruf entgegen und spendierte ihrer Klasse eine ordentliche Portion deutscher Freudentränen. All die Jahre, in denen sie mich unterstützt hatte, hatten sich ausgezahlt. Mein Vater war natürlich auch überglücklich.

Wenn du ein neurotypischer Leser bist, dann kannst du hoffentlich erkennen, dass der richtige Umgang mit Übergängen einem autistischen Menschen dabei helfen kann, seine Fähigkeiten zu zeigen und sein Potenzial genauso auszuschöpfen wie seine Altersgenossen. Und wenn du ein Autist bist, kannst du hoffentlich erkennen, dass auch du eine gewisse Verantwortung tragen musst, die richtigen Fragen zu stellen, um den Prozess einzuleiten, die von dir benötigte Unterstützung zu erhalten.

# KAPITEL 13
## SCHLECHTE ÜBERGÄNGE

Um euch einen ausgewogenen Überblick über Transitionen geben zu können, muss ich euch auch ein Beispiel einer schlechten Erfahrung beschreiben. Solche Situationen können schlimme Auswirkungen auf das Selbstvertrauen einer autistischen Person haben.

Hier ist die Geschichte meiner ersten Berufserfahrung nach meinem Universitätsabschluss – mein bisher schlimmster Übergang, und ein traumatisches Erlebnis, das mich noch heute verfolgt.

## MEIN ERSTER JOB NACH MEINEM UNIVERSITÄTSABSCHLUSS

Ich war bereit, nach der Ausbildungszeit ein neues Leben zu beginnen. Obwohl ich immer darüber nachgedacht hatte, eines Tages mein eigenes Unternehmen zu gründen, fand ich, dass ich mehr Berufserfahrung brauchte, bevor ich diesen Schritt wagen konnte. Also konzentrierte ich mich darauf, mich auf Stellen zu bewerben. Nachdem ich meinen Lebenslauf und Bewerbungsschreiben an einige

Webagenturen verschickt hatte, wurde ich auf eine Agentur aufmerksam, die große Online-Shops baute, was mich faszinierte. Ich stellte mir vor, wie viel Spaß es machen würde, große Websites wie Amazon oder ASOS zu erstellen. Ich habe mich über LinkedIn mit dem Leiter dieser Agentur in Verbindung gesetzt und er hat mich zu einem zweiteiligen Vorstellungsgespräch eingeladen. Der erste Teil war ein konventionelles Vorstellungsgespräch; der andere war ein technischer Test. Ein Manager interviewte mich zunächst in einem Besprechungsraum und fragte nach meinen bisherigen Erfahrungen. Ich hatte mich gut auf das Vorstellungsgespräch vorbereitet und ausführliche Antworten gegeben, was ihn beeindruckt hat. Ihm gefiel auch das Arbeitsportfolio, das ich ihm zeigte. Ich ging zum technischen Test in das Großraumbüro und programmierte eine Webseite mit HTML, CSS und JS. Ich habe dabei gut abgeschnitten, hatte aber bei der CSS-Herausforderung Probleme. Es reichte jedoch aus, um ein Stellenangebot zu erhalten. Ich zögerte zunächst, den Job anzunehmen, da eine andere Agentur Interesse an meiner Anstellung bekundet hatte, aber mir noch kein offizielles Jobangebot geschickt hatte. Letztendlich nahm ich das Stellenangebot an, da ich nicht durch das Warten auf ein weiteres Angebot den Kürzeren ziehen wollte. Das Unternehmen lud mich vor meinem Start zu einer Re-Brand-Launch-Party ein, die mir gefiel. Ich konnte mit ein paar freundlichen Leuten reden, und es gab mir das Gefühl, mit der Annahme der Stelle die richtige Entscheidung getroffen zu haben. Die Einführungsparty war allerdings das Einzige, was mir bei diesem Unternehmen gefiel. Ich musste die Stelle bereits nach drei Wochen wieder aufgeben.

Ich werde euch hier nun eine Zusammenfassung der drei Wochen schildern:

. . .

**Erste Woche**

Als ich am Montagmorgen anfing, erhielt ich keine Einweisung. Obwohl ich meinen Autismus während des Vorstellungsgesprächs angegeben hatte, wurde ich nicht gefragt, wie sich dies auf meine Arbeit oder mein Wohlbefinden auswirken könnte. Im Nachhinein hätte ich um ein Gespräch bitten sollen. Aber ich war zu aufgeregt, um darüber nachzudenken, und konnte es kaum abwarten loszulegen.

Ich kannte mich mit der Plattform, mit der das Unternehmen Online-Shops baut, nicht so gut aus und hatte eine entsprechende Schulung erwartet. Als ich im Vorstellungsgespräch nach der Schulungssituation fragte, versicherte mir der Manager, dass ich auf jeden Fall geschult werden würde. Derselbe Manager zeigte mir nun, was ich machen sollte, und stellte mir Fragen, um sicherzustellen, dass ich verstand, was er meinte. Das war okay. Allerdings sagte er mir dann, dass ich die neue Plattform außerhalb meiner Arbeitszeit in meiner Freizeit erlernen müsse. Ich spürte auch, dass er mich so schnell wie möglich ohne Schulung in die Live-Arbeit mit Kunden einbinden wollte. Das hat mich von Anfang an unter Druck gesetzt. Er erwartete, dass ich nach den ersten zwei oder drei Wochen ohne offizielle Schulung voll handlungsfähig sein würde. Ich wusste bereits, dass ich zwei oder drei Monate brauchte, um die Auswirkungen des Übergangs zu verarbeiten und mir die Grundlagen der neuen Plattform selbst beizubringen, um dazu bereit zu sein, mit der Live-Arbeit mit Kunden anzufangen. Ich hatte meine erste Panikattacke und ran auf die Toilette, um mich zu beruhigen und dies vor meinen Kollegen zu verbergen. All dies hinderte mich auch daran, die anderen Web-Entwickler in meinem Team kennenzulernen, um die Beziehungen aufzubauen, die ich brauchte, um effektiv im Team zu arbeiten. Hinzu kam, dass mein zugewiesener Computer an drei der fünf Tage in dieser Woche immer wieder kaputtging. Am Freitagnachmittag hatte ich erst zwei Tage Arbeitserfahrung erlangt und meine Nerven lagen blank.

**Zweite Woche**

Die zweite Woche hätte nicht schlechter anfangen können. Ich versuche generell immer, positiv zu sein, aber ich kann im Rückblick auf diese Woche nichts Positives finden.

Mein Vorgesetzter ging in den Urlaub und hatte mir in seiner Abwesenheit Live-Kundenarbeit zugeteilt. Ja, Live-Kundenarbeit! Ein leitender Web-Entwickler hatte die Vertretung für meinen Manager übernommen. Ich habe versucht, ihm Fragen zu stellen, wenn ich nicht weiterkam, aber es war klar, dass ich ihm auf die Nerven ging. Ich brauchte dringend Hilfe, da die Firma meine KPIs (Leistungsindikatoren) maß, um zu sehen, wie schnell ich eine Aufgabe erledigen konnte. Sie nutzten dafür ein bekanntes Zeiterfassungs-System, um meine Zeitspanne bei einem Auftrag aufzuzeichnen. Ich habe die erwartete Zeit natürlich weit übertroffen, und meine Zeitangst wurde im Laufe der Woche immer schlimmer. Mitten in der Woche rief der vertretende Web-Entwickler sogar meinen Vorgesetzten an, der die Unterbrechung während seines Urlaubs nicht besonders schätzte. Später erfuhr ich, dass dem Vertreter nicht gesagt worden war, dass ich Autist bin.

**Dritte Woche**

Mein Vorgesetzter war verärgert über seine Urlaubsunterbrechung und gab mir sofort eine offizielle Leistungswarnung nach seiner Rückkehr. Damals wusste ich noch nicht, wie ich mich verteidigen sollte, aber mein Instinkt für eine Ungerechtigkeit kam mir hier zu Hilfe. Ich bestand darauf, dass es unfair sei, zu Beginn meiner dritten Woche eine Leistungsverwarnung zu bekommen, wenn ich keine angemessene Schulung erhalten hatte und in der ersten Woche mit einem fehlerhaften Computer arbeiten musste. Er antwortete, dass er mich überhaupt nicht eingestellt hätte, wenn er gedacht hätte, ich wäre nicht fähig dazu, den Job auszuführen. Er konnte sich offensichtlich nicht an unser Vorstellungsgespräch und meine Anfrage nach Schulung für die unbekannte Plattform erinnern. Allerdings habe ich so verzweifelt versucht den Job zu behalten, dass ich ihm sagte, ich würde ihm beweisen, dass ich es kann. Er lud mich dann zum Mittagessen ein und wir sprachen über Formel 1, Fußball und Boxen. Danach dachte ich, dass wir die Probleme doch überwinden könnten. Er erzählte mir auch, er hätte etwas über Autismus gelesen, was mir damals ein Gefühl der Hoffnung gab. Ich weiß jetzt natürlich, dass es nicht ausreicht, wenn ein Arbeitgeber einen Online-Artikel über Autismus liest, um die Auswirkungen zu verstehen und angemessene Anpassungen vorzunehmen. Am Dienstag schien es dann wieder etwas besser zu gehen. Ich erledigte eine einfachere Aufgabe pünktlich und mein Vorgesetzter sagte mir, ich könne mir selbst auf die Schulter klopfen. Der Mittwoch war dann jedoch das genaue Gegenteil. Mein Manager gab mir eine schwierigere Aufgabe, die ich innerhalb von zwei Stunden erledigen sollte. Ich war nicht dazu fähig. Er hatte überschätzt, was ich mit meinem derzeitigen Wissen erreichen konnte. Ich war völlig überwältigt, als der Zeitzähler die eingestellte Zeit überschritt. Vor lauter Panik rannte ich auf die Toilette und schaffte es, ein paar Mal tief durchzuatmen, bevor ich noch einmal versuchte den Job zu erledigen. Unter Druck beschloss ich, den Code auf eine andere Art und Weise hinzuzufügen, was meinem Vorgesetzten überhaupt nicht gefiel. Er beschimpfte und demütigte mich vor dem ganzen Büro. Ich war am Boden zerstört, behielt aber meine Fassung und versuchte noch einmal den Job zu retten. Dieser Vorfall zerstörte jedoch all das Selbstvertrauen, das ich seit meiner Schulzeit so sorgfältig aufgebaut hatte. Meine mentale Gesundheit sank auf ein Allzeittief. Der Showdown geschah am Donnerstag in dieser Woche. Ich wollte noch einmal versuchen meinem Vorgesetzten zu erklären, warum bei mir alles so schiefgelaufen war, um Klarheit zu schaffen. Ich versuchte ihm zu erklären, wie schlecht sich seine Handhabung auf mich ausgewirkt hatte. Er unterbrach mich und beharrte darauf, dass alles meine Schuld sei. Er sagte sogar, ich würde mich wie ein Kind verhalten und Verantwortung für mein Handeln übernehmen müssen. Ich konnte nicht zu ihm durchdringen und fragte, ob er einen Telefonanruf von meiner Mutter annehmen würde oder von einer Neurodiversitätstrainerin, die mir ihre kostenlose Hilfe angeboten hatte, um ihm meine Probleme als Autist zu erklären. Seine Antwort war: „Nein. Das sind zwei Leute zu viel, mit denen ich sprechen müsste, bei meinem vollen Terminkalender." Er sagte auch, ich gäbe *ihm* Angstzustände, als ich versuchte, ihm meine Zeitangst zu erklären. In dem Augenblick wusste ich, dass ich wegwollte. Nachdem ihm mein Vorgesetzter von unserem Gespräch erzählt hatte, rief mich der Direktor nach oben in sein Büro, um mich zu entlassen. Ich mochte den Direktor, aber er fragte nicht einmal nach meiner Seite der Geschichte. Bevor ich sein Büro verließ, bemerkte ich noch, dass mein Vorgesetzter kein guter Manager sei, und bekam als Antwort nur einen verwirrten Blick. Da ich mit Würde gehen wollte, ging ich zurück ins Großraumbüro, um allen die Hand zu schütteln und ihnen alles Gute für die Zukunft zu wünschen. Ich schloss meinen Vorgesetzten hier ein, obwohl ich nie wieder mit ihm sprechen wollte. Ich bin froh, dass ich es so gemacht habe, anstatt ihn auf dem Weg nach draußen zu beschimpfen. Ich hatte das Gefühl, dass ich meine Integrität bewahrt hatte.

## EINE ZUSAMMENFASSUNG DESSEN, WAS FALSCH GELAUFEN IST

Diese Erfahrung war für mich schlimm und die schädlichen Auswirkungen auf mein Selbstvertrauen spüre ich auch heute noch. Ich wusste jedoch, dass eine strukturierte Analyse mir helfen würde, die Situation zu verstehen, um den Heilungsprozess einleiten zu können.

Ich habe hier fünf Schlüsselpunkte identifiziert, die diesen Übergang zu einer so schlechten Erfahrung gemacht haben.

### 1. Mich zu unterschätzen und zu beschimpfen

Die Leistungswarnung zeigte, dass mein Vorgesetzter sehr schnell das Vertrauen in mich verlor und diese negative Energie ging gleich auf mich über. Dies führte dann zu einem schlechten Resultat, weil meine Aufgaben unvollständig blieben und ich untypische Fehler machte. Die Beschimpfungen und Demütigungen meines Vorgesetzten machten dann alles nur noch schlimmer.

**Meine konstruktive Stellungnahme**: Wenn ihr euer Vertrauen in die Leistungsfähigkeit eines Autisten einschränkt, übertragt ihr diese schlechte Energie auf ihn/sie, insbesondere wenn er/sie überempfindlich ist. Dies könnte bei dieser Person eine negative Einstellung auslösen, was dann zweifellos zu schlechten Ergebnissen führt. Das Gleiche wird fast immer passieren, wenn ihr euch über autistische Personen ärgert oder mit ihnen ungeduldig werdet, weil sie bei einer bestimmten Aufgabe länger brauchen oder zu viele Fragen stellen. Autistischen Menschen die Möglichkeit zu geben, ihre individuellen Stärken und Talente in ihrem eigenen Tempo zu entwickeln, ist eine langfristige Investition.

### 2. Die Erwartung, dass ich eine ungewohnte Situation mit Multitasking bewältigen kann

Von mir wurde erwartet, dass ich mich einem Zeiterfassungs-System füge, während ich auf einer unbekannten Plattform programmiere. Die Firma hätte mir die Zeit geben sollen, mich ausschließlich Schritt für Schritt an die Plattform zu gewöhnen, bevor sie mich mit der Live-Kundenarbeit beauftragten.

**Meine konstruktive Stellungnahme**: Viele Autisten müssen alles in ihrem eigenen Tempo verarbeiten. Sie müssen sich Schritt für Schritt mit den Phasen eines neuen Prozesses oder einer neuen Situation vertraut machen, da sie oft über eine strukturierte Denkweise verfügen. Wenn ihr ungewohntes Multitasking von ihnen verlangt, dann ist das so, als würde man versuchen, ein Seil durch ein Nadelöhr zu schieben.

### 3. Die Erwartung, dass ich Informationen schnell verarbeite

Die Erwartung, dass ich die neue Plattform noch außerhalb meiner Arbeitszcit in meiner Freizeit erlernen sollte, war verrückt. Für mich war es allein schon schwierig mich an das neue Arbeitsumfeld zu gewöhnen und die allgemeine Umstellung zu bewältigen. Autistische Menschen brauchen eine Auszeit, wenn sie nach einem Arbeitstag voller Angriffe auf ihr Gehirn und ihre Sinne völlig erschöpft sind.

**Meine konstruktive Stellungnahme**: Autistische Personen können ein Gespräch möglicherweise nicht sofort verarbeiten. Das Gesagte scheint dann in das eine Ohr hineinzugehen und aus dem anderen wieder herauszukommen. In Wirklichkeit ist ihr Arbeitsgedächtnis so überlastet, dass sie diese Informationen in ihrem überfüllten Gehirn ‚verlegen'. Je öfter ihr einer autistischen Person versichert, was ihr von ihr erwartet, desto größer ist die Chance, dass es zu einer bleibenden Erinnerung wird. Gebt nicht auf!

## 4. Die Annahme, dass die Bedingungen am Arbeitsplatz für mich in Ordnung waren

Ich erhielt an meinem ersten Tag keine offizielle Einweisung, um die angemessenen Anpassungen vorzunehmen, die erforderlich waren, um meinem Autismus gerecht zu werden.

**Meine konstruktive Stellungnahme**: Bei einer Einweisung wären meine Verarbeitungsschwierigkeiten und mein Schulungsbedarf aufgegriffen und die nötige Unterstützung bereitgestellt worden. Das hätte ein ganz anderes Resultat ergeben.

Die meisten autistischen Menschen haben sinnliche Abweichungen, was bedeutet, dass die Beleuchtung, Geräusche oder die Temperatur eines Raums Unruhe, Wut oder Aufregung hervorrufen können. In manchen Fällen können diese Faktoren sogar körperliche Schmerzen verursachen. Bitte überseht diesen Punkt nicht!

### 5. Die Annahme, dass das Lesen über Autismus alle Antworten liefert

Mein Vorgesetzter hat das geglaubt und ihr seht, was passiert ist. Er war nicht einmal bereit, mit meiner Mutter oder der Neurodiversitätstrainerin zu sprechen, die ihm die Unterstützung, die ich brauchte, erklärt hätten.

**Meine konstruktive Stellungnahme**: Klar kann es hilfreich sein, sich über etwas zu informieren. Aber es reicht nicht aus, über Autismus zu lesen. Die meisten Artikel, und vielleicht sogar dieses Buch, verallgemeinern Autismus. Autistische Menschen sind Individuen, das heißt, jeder von ihnen hat unterschiedliche Persönlichkeiten und Eigenschaften; daher variieren ihre Herausforderungen und Bedürfnisse. Nehmt euch die Zeit, autistische Menschen nach ihren Herausforderungen und Bedürfnissen zu befragen. Ihre Antworten sind eine viel zuverlässigere Informationsquelle.

---

**Wichtiger Hinweis für autistische Menschen!**

**Bewahrt eure Integrität, egal, wie verlockend es ist, jemanden zu beschimpfen, der nicht versteht, was ihr durchmacht.**

---

## MEINE FEHLER

Es geht mir immer besser, wenn ich die Verantwortung für meinen Anteil an einer schlechten Erfahrung übernehme. Dadurch bin ich sehr selbst-erkenntlich geworden und kann die Dinge, die unter meiner Kontrolle stehen, von denen unterscheiden, die außerhalb meiner Kontrolle liegen. Auf diese Weise lerne ich aus meinen Fehlern, um es beim nächsten Mal besser zu machen. Ich mache mir auch keine Sorgen mehr über die Dinge, die ich nicht kontrollieren kann und das hilft, Überforderungen zu reduzieren.

Also, wo habe ich hier Fehler gemacht?

Ich habe das Unternehmen nicht recherchiert, bevor ich den Job angenommen habe. Ich hatte die Gelegenheit, mir die Website anzusehen und auch zu notieren, wie ich mich in den beiden Vorstellungsgesprächen gefühlt habe, um abzuschätzen, ob der Übergang gut oder schlecht verlaufen würde. Als ich den Job antrat, bestand ich nicht auf einer formellen Personaleinweisung und angemessenen Anpassungen. Außerdem habe ich meine Gefühle nicht hinreichend ausgedrückt, da ich Schwierigkeiten mit meinem Selbstbewusstsein hatte. Ich war zu phlegmatisch gewesen, vielleicht aufgrund der guten Erfahrungen, die ich während meines Praktikums gemacht hatte, wo alles, was ich brauchte, für mich eingerichtet worden war.

Nach meiner Entlassung dauerte es eine Weile, bis ich meinen Groll meinem Vorgesetzten gegenüber abgelegt hatte. Negative Gedanken zu schüren ist Energieverschwendung, und das ist ein Bereich, an dem ich weiterhin arbeiten muss. Es ist mein Ziel, in Zukunft keinen Groll gegenüber Menschen zu haben, die zu meinen Rückschlägen beitragen.

. . .

Ich hatte mir das Ziel gesetzt, herauszufinden, warum ich Veränderungen und unvorhersehbare Situationen so schwierig finde, um Lösungen zu finden und flexibler zu werden. Die Analyse meiner Übergangserfahrungen hat mir klargemacht, warum die düsteren Situationen so schwierig waren. Es hat mir auch geholfen zu verstehen, dass ich selbst auch Verantwortung übernehmen muss, um neue Erfahrungen zu bewältigen. Ich muss im Voraus planen, um sicherzustellen, dass ein Übergang bei mir kein Gefühl der Panik auslöst und mich nicht überfordert.

**Nützliche Tipps aus den Kapiteln 11 bis 13**

**Für Autisten**

- Wenn bei euch in einer Übergangszeit Unsicherheiten auftreten, stellt Fragen und unterdrückt eure Gefühle nicht.
- Als Erwachsener müsst ihr, wenn möglich, in einer Übergangszeit die Unterstützung, die ihr braucht, einleiten. Erwartet nicht, dass andere wissen, was ihr braucht, und seid nicht phlegmatisch.
- Die Entscheidung, ob ihr einen Übergang in Kauf nehmen wollt oder nicht, soll von euch kommen.
- Informiert euch über jeden Aspekt eines Übergangs, damit ihr an alles denkt, bevor ihr Veränderungen in Angriff nehmt.
- Lernt, in einer Übergangszeit für euch selbst einzustehen, indem ihr eure Gefühle mitteilt.

## Für Neurotypische Menschen

- Autistischen Menschen durch eine Übergangszeit zu helfen, kann eine lohnende, langfristige Investition sein. Kritisiert Autisten, die sich in einer Übergangsphase befinden, niemals auf eine destruktive Weise. So verlockend es auch sein mag.
- Ermöglicht es einer autistischen Person, sich Schritt für Schritt mit einem neuen Prozess vertraut zu machen.
- Ermutigt eine autistische Person, einen neuen Prozess intuitiv zu erlernen und steht ihr dabei zur Seite.
- Geht nicht davon aus, dass ihr alle Antworten findet, wenn ihr online oder in einem Buch über Autismus lest. Fragt die autistische Person nach ihren Stärken und Herausforderungen.
- Überlegt bitte, wie eine autistische Person eine bestimmte Umgebung empfinden könnte.

# KAPITEL 14
# SICH AUS DER ASCHE ERHEBEN

Nach meiner Entlassung bei der Webagentur brauchte ich dringend eine Pause von allem. Zum Glück hatten wir bereits einen zwei-wöchigen Familienurlaub in Italien geplant. An einem der Tage fuhren wir nach Monaco, da wir uns in der Nähe der französischen und monegassischen Grenzen befanden. Ich konnte es kaum erwarten, den Formel-1-Straßenkurs zu sehen. Die Autofahrt nach Monte-Carlo war spektakulär. Wir fuhren über die kurvenreichen Straßen und sahen, wie die Hochhäuser und der berühmte Hafen auf unserem Weg ins Tal immer näher kamen. Die Formel-1-Strecke erstreckt sich über die meisten Straßen von Monte-Carlo, und ich fühlte mich privilegiert, die verschiedenen Kurven abzulaufen, die ich schon millionenfach im Fernsehen gesehen hatte. Und es war auch schon ein Erlebnis, die luxuriösen Jachten im Hafen aus nächster Nähe zu betrachten.

Ich habe nach Prominenten Ausschau gehalten, insbesondere nach Formel-1-Fahrern. Viele von ihnen haben Wohnungen in Monaco. Ich würde vermuten, dass einige an uns vorbeigefahren sind, aber durch die getönten Scheiben konnten wir nicht wissen, wer am Steuer der vielen Sportwagen saß. Ich bin kein Mensch, der von den Stars beeindruckt und fasziniert ist. Immerhin sind Prominente auch nur Menschen; sie sind nur besser bekannt. Aber Gespräche mit den Formel-1-Fahrern würden mir schon Spaß machen – kein Small Talk, sondern bedeutungsvolle Gespräche über meinen Lieblingssport. Wir gingen auch zum offiziellen Formel-1-Laden, wo ich die Kappen der verschiedenen Teams anprobierte. Ich habe aber nichts gekauft, weil sie viel zu teuer waren. Ich möchte auch unparteiisch bleiben, da ich kein bestimmtes Team unterstütze, und hätte somit keine Fanartikel kaufen wollen. Das größte Highlight des Ausflugs war für mich die Loews-Haarnadelkurve (jetzt Grand Hotel) - die berühmteste Kurve des Grand Prix von Monaco. Als ich die Haarnadelkurve ablief, konnte ich nicht sehen, was sich hinter der nächsten Ecke befand. Ich erinnere mich, dass ich dachte, dass das meine damalige Lebenssituation perfekt beschrieb.

## EIN UNTERNEHMEN GRÜNDEN

Nach der Rückkehr aus Italien beschloss ich, mich nicht für eine andere Stelle zu bewerben. Mir graute davor, dass ein anderer Vorgesetzter mir vorschreiben würde, was ich tun sollte, und mich beschimpfte, wenn ich Aufgaben nicht so absolvierte, wie er sich das vorgestellt hatte. Ich bin mir sicher, dass es ausgezeichnete Manager gibt, die ihre Mitarbeiter gut unterstützen. Mein früherer Vorgesetzter gehörte auf jeden Fall nicht dazu. Er hatte mir damals auch vorgeworfen, dass ich mit meiner anderen Programmierungsweise versuchte, das Rad neu zu erfinden. Das ist tatsächlich das Einzige, wofür ich ihm danken muss. Nach einer Analyse dessen, was er als falschen Ansatz bezeichnet hatte, konnte ich erkennen, dass es gar nicht falsch, sondern nur anders war. Mir wurde klar, dass ich eine andere Perspektive hatte, die ich inzwischen als Vorteil empfand in einer Welt, die von Gleichartigkeit geprägt ist. Ich fühlte mich inspiriert, ein Unternehmen zu gründen, das durch Andersartigkeit erfolgreich ist. Die Neurodiversitätstrainerin, die angeboten hatte, mit meinem ehemaligen Vorgesetzten zu sprechen, bestätigte mir, dass ich das Unternehmen sogar vor ein Arbeitsgericht hätte bringen können, obwohl ich noch in meiner Probezeit war. Ich habe mit meiner Mutter darüber gesprochen, und das haben wir beide sofort abgelehnt, da Autismus bereits als Hindernis angesehen wurde. Wir wollten die Ungerechtigkeit nicht mit einem langwierigen und belastenden Gerichtsverfahren bekämpfen, das bei anderen Geschäftsinhabern dann eine negative Einstellung hätte hervorrufen können. Ich wusste auch, dass ich diese schlechte Erfahrung in etwas Positives verwandeln wollte, um anderen wie mir zu helfen. Ich wollte mit gutem Beispiel vorangehen und meine eigene Webagentur gründen, um der Geschäftswelt zu zeigen, dass man auf andere Weise genauso gute oder sogar bessere Geschäfte machen kann. Ich wollte eine positive Botschaft für Autismus übermitteln und zeigen, dass autistische Menschen auf eigenen Beinen stehen und Geld verdienen können.

Ich schrieb Social-Media-Artikel über meine schlechte Berufserfahrung, wobei ich weder das Unternehmen noch meinen ehemaligen Vorgesetzten genannt habe, da ich vermeiden wollte, dass dies als Racheakt aufgefasst wird. Ich wollte die Notlage vieler autistischer Menschen hervorheben, die im Berufsleben missverstanden und unterschätzt werden, genau wie ich. Die Leute waren von der Geschichte bewegt und die Medien traten an meine Mutter und mich heran. Das war so ermutigend und gab mir das Gefühl, auf dem richtigen Weg in eine glückliche Zukunft zu sein.

Meine Mutter hatte die Idee, dass wir gemeinsam eine Webagentur gründen. Sie verfügte über viel Erfahrung im

Unternehmensbereich und in der Selbstständigkeit und hat ein Diplom als Texterin. Das war eine hervorragende Idee, da mein Abschluss in Creative Media Technology und ihre Qualifikationen sich gut ergänzten. Wir waren schließlich auch während meiner gesamten Schulzeit ein großartiges Team. Also gründeten wir im Juli 2019 unser Webdesignunternehmen. Das war eine so aufregende Zeit, und ich erkannte sofort die Unterschiede zwischen Anstellung und Selbstständigkeit. Ich hatte Verantwortung für alles, von der Suche nach einem Buchhalter bis hin zur Verwaltung unseres Cashflows, des Marketings und des Vertriebs. Die Unterstützung meiner Mutter gab mir die Zeit, die ich brauchte, um diesen Übergang zu bewältigen, und mein Vater half uns auch, wo er konnte. Ich war so dankbar. Ich konnte mich auch wieder der Entwicklung von Websites auf der WordPress Plattform widmen, was ich am besten konnte. Das Arbeiten in einem vertrauten Bereich war genau, was ich brauchte, um mein Selbstvertrauen wieder aufzubauen und die psychischen Probleme zu überwinden, die durch die schlechte Berufserfahrung verursacht worden waren. Wir haben es auch schnell geschafft, einen anständigen Kundenstamm aufzubauen. Aufgrund der positiven Resonanz, die ich in den Social Media und anderen Medien erhielt, wollten die Menschen mein Anliegen und mich unterstützen.

## KOSTENLOSE WORKSHOPS FÜR ARBEITGEBER

Unsere Neurodiversitätstrainerin war in der Zeit nach meiner Entlassung eine große Stütze. Sie war völlig begeistert, von der Gründung unserer Webagentur, und fragte, ob wir ihr helfen könnten kostenlose Workshops für Arbeitgeber zu veranstalten. Die Workshops sollten Arbeitgebern hilfreiche

Tipps geben, wie man autistische Mitarbeiter am besten motiviert und wie man sinnvolle Anpassungen, die für alle von Vorteil sind, aufstellt. Meine Mutter und ich waren überzeugt, dass meine Erfahrung ein hervorragendes Beispiel für die Workshops war, die auch gleichzeitig unser Anliegen unterstützen würden. Ich habe die Website für die Workshops entwickelt und wir haben mit der Vermarktung begonnen. Unsere erste Veranstaltung fand im Januar 2020 in York statt und war voll ausgebucht. Ich war so stolz auf mich, dass ich nach der verheerenden Erfahrung in meinem ersten Job nach so kurzer Zeit so viel erreicht hatte. Mein Selbstvertrauen begann sich zu stärken.

## NETWORKING-VERANSTALTUNGEN

Im Rahmen unserer Marketingbemühungen besuchten wir lokale Business-Networking-Veranstaltungen. Wir trafen einige interessante KMU-Geschäftsinhaber (kleine bis mittlere Unternehmen), die eine gemeinschaftliche Denkweise hatten. Ich ging allein zur ersten Networking-Veranstaltung. Ich wollte aus meiner Komfortzone heraus, um mein Selbstvertrauen zu stärken. Da ich eine gute Schule besucht hatte, in der neben dem Lehrplan auch effektive Kommunikation und Höflichkeit gelehrt wurden, war dies für mich viel einfacher. Ich ging im Raum herum und stellte mich vor, bevor die Formalitäten begannen. Am Anfang war es unangenehm für mich. Meine Kehle war trocken und mein Herz schlug wie eine Trommel. Als die Formalitäten begannen, musste jeder Teilnehmer abwechselnd aufstehen und sein Unternehmen in einer 60 bis 90 Sekunden langen Ansprache vorstellen. Als ich an der Reihe war, zitterte meine Stimme, dann stotterte ich, vergaß, was ich sagen wollte, und fühlte mich völlig unbeholfen. Die anderen Geschäftsinhaber haben mich danach jedoch sehr unterstützt und mir Tipps gegeben, wie ich es beim nächsten Mal besser machen konnte. Ich habe mir diese Tipps zu Herzen genommen und sie bei künftigen Veranstaltungen in die Tat umgesetzt. Nach und nach wurde es einfacher, mich im Unternehmen einzuleben, und ich fand mich bald gut zurecht. Das Wissen, wie man eine Ansprache macht, hat sich in mein Langzeitgedächtnis eingebrannt. Bei einer der Veranstaltungen in Leeds traf ich den Gründer einer großen nationalen Networking-Organisation. Er hielt eine inspirierende Rede, in der er darüber sprach, wie er in jungen Jahren einige Zeit im Gefängnis verbracht hatte und es ihm nach seiner Entlassung gelang, sein Leben zu ändern. Ich fühle mich zu solchen Erzählungen hingezogen, weil sie mich an Mike Tysons Lebensgeschichte erinnern. Nach seiner Rede stellte ich mich vor und erzählte ihm meine Geschichte. Er sagte, dass seine Frau autistisch sei, also hatten wir eine Gemeinsamkeit. Er fand meine Geschichte auch inspirierend, was mein Selbstvertrauen noch mehr stärkte.

## BERICHTERSTATTUNG IN DEN MEDIEN

Meine Mutter und ich erhielten Einladungen von mehreren Podcastern, Vloggern, Online-Publikationen und den Mainstream-Medien, um über die Gründung unseres Unternehmens zu sprechen. Einer der Wirtschaftsreporter der Tageszeitung *Yorkshire Evening Post* stellte uns in seiner Rubrik mehrmals vor. Bei jeder Gelegenheit haben wir die Personen, die uns interviewten, gebeten, vorab eine Liste der Fragen bereitzustellen. Dies hat mir geholfen, die Angst vor dem Unbekannten zu beseitigen und das Risiko einer Überforderung zu verringern. Das ist ein anschauliches Beispiel für eine sinnvolle Anpassung für eine autistische Person.

BBC-Radio Leeds lud uns zweimal zu Stephanie Hirsts

Live-Frühstücksshow ein, was mein Selbstvertrauen auf die Probe stellte. Vor beiden Shows hatte ich keine Ahnung, welche Fragen Stephanie uns stellen würde; wir haben nur einen allgemeinen Überblick erhalten. Bei der ersten Show saß ich mit zitterten Händen im Wartezimmer, während ich Stephanie zuhörte und darauf wartete, dass sie mich ins Studio rief. Schließlich erwähnte sie meine Mutter und mich. Ich dachte: „Oh mein Gott, was soll ich sagen, wenn wir drankommen? Ich kann das nicht." Ich hatte Angst, dass ich vor Tausenden von Zuhörern über meine Worte stolpern würde. Als wir ins Studio gingen, konnte Stephanie sehen, dass ich nervös war. Sie versicherte mir, dass sie eingreifen würde, wenn ich in Schwierigkeiten geraten würde, und sagte mir auch, ich solle so denken, also ob ich nur mit ihr und meiner Mutter spreche. Dieser Rat hat mir geholfen. Die Musik war zu Ende und wir waren live auf Sendung. Stephanie fing an zu reden und stellte meiner Mutter die erste Frage, was mir half, mich an die Situation zu gewöhnen. Dann stellte sie mir die zweite Frage. All die Nervosität, die ich vorher hatte, verflüchtigte sich und ich ignorierte die Tatsache, dass uns ein Publikum zuhörte. Mein Vater, Nan und meine Tante hörten sich das Interview live an und alle sagten, ich hätte es ausgezeichnet gemacht. Es muss gut gelaufen sein, da wir nach einigen Monaten erneut zu einem Update in die Show eingeladen wurden.

## VORTRÄGE ÜBER AUTISMUS

Im Rahmen des Business-Networkings konnten die Teilnehmer freiwillig Vorträge bei verschiedenen Veranstaltungen halten. Beim ersten Mal sprach ich vor sechzehn Leuten. Das störte mich nicht, da ich auf Schulversammlungen und an der Universität Vorträge gehalten und durch das Radiointerview Selbstvertrauen gewonnen hatte. Meine Vorträge umfassten eine Einführung in das Thema Autismus und erklärten, warum autistische Menschen Dinge langsamer verarbeiten als neurotypische Menschen. Ich habe Diagramme und Beispiele aus der Praxis verwendet, um meinen Zuhörern das Verständnis der Probleme zu erleichtern. Ich habe auch über meine Berufserfahrung gesprochen, um hervorzuheben, wie manche Arbeitgeber autistische Arbeitnehmer behandeln. Bei jeder Gelegenheit erhielt ich begeisterten Applaus und musste im Anschluss viele Fragen beantworten. Mein Selbstvertrauen und mein mentales Wohlbefinden haben sich dadurch sehr verbessert. Ich war fast wieder dort, wo ich vor meiner Entlassung war.

**Hilfreiche Tipps aus Kapitel 14**

- Negative Erfahrungen können ein Segen sein, wenn ihr sie zu eurem Vorteil nutzt und euch auf die positiven Aspekte konzentriert, die sich daraus ziehen lassen.
- Versucht, eure Komfortzone zu verlassen, wenn ihr euer Selbstvertrauen verloren habt. Wenn ihr eure Barrieren überwindet, werdet ihr schneller als ihr denkt wieder obenauf sein.
- Lasst euch von den Menschen, die ihr trefft, inspirieren und beraten. Sprecht mit ihnen über eure Erfahrungen und hört ihnen zu. Es wird euch motivieren und eurer Selbstentwicklung guttun.

## KAPITEL 15
# DIE PANDEMIE

Im Januar 2020 brach das neue Jahrzehnt an und ich plante, unseren Kundenstamm zu erweitern und weitere Workshops für Arbeitgeber zu organisieren. Doch im März erreichte die COVID-19-Pandemie das Vereinigte Königreich und es kam zum ersten Lockdown. In diesem Kapitel werde ich darüber sprechen, wie sich die Pandemie auf die Entwicklung meines Selbstvertrauens ausgewirkt hat.

## IM ANFANGSSTADIUM DER PANDEMIE

Die ersten zweieinhalb Monate des Jahres 2020 verliefen wie geplant. Ich nahm an mehreren Networking-Veranstaltungen teil und leitete eine der regelmäßigen Veranstaltungen.

Unser erster Arbeitgeber-Workshop zum Thema Neurodiversität war erfolgreich gewesen und ich fing an, in Coworking-Büros in Leeds zu arbeiten.

Zudem arbeitete ich auch als Mitarbeiter für die Neurodiversitätstrainerin im Rahmen ihres Schulungsprogramms für die National Crime Agency (NCA). Diese Schulung hilft Polizeibeamten, die auf

Cyberkriminalität spezialisiert sind, mehr über Autismus zu erfahren. Sie lernen, wie man autistische Stellenbewerber oder Verdächtige effektiv interviewt, indem sie angemessene Anpassungen vornehmen. Das Schulungsprogramm fand jeweils an zwei Tagen, Mittwoch und Donnerstag, entweder in York, Birmingham oder London statt. Es waren vier autistische Mitarbeiter und etwa zwanzig Polizeibeamte dabei. Das Programm begann mit Rollenspiel-Vorstellungsgesprächen. Die Fragen, die von den Interviewern gestellt wurden, hatten wir vorab, sodass wir sie in Ruhe bearbeiten konnten. Vor jedem Interview fragten die Beamten, ob die Raumbedingungen und Sitzpositionen ideal seien. Dies hat uns geholfen, uns an die Umgebung zu gewöhnen und uns zu entspannen, sodass wir uns auf das Interview konzentrieren konnten. Es hat auch dazu beigetragen, den Aufbau von Beziehungen zu den Beamten zu beschleunigen, um ihre Fragen effektiv beantworten zu können. Wir hatten jeweils vier bis fünf Interviewer in Räumen mit unterschiedlichen Raumbedingungen. Nach jedem Interview machten wir Beobachtungsnotizen, um unseren Interviewern am zweiten Tag Feedback zu geben, wobei wir, die autistischen Interviewpartner, wie eine Jury vor den Beamten saßen. Der Neurodiversitätstrainer stellte Fragen, die uns dazu veranlassen sollten, den Beamten unser Feedback zu ihrem Verhalten am Vortag zu geben. Einige autistische Mitarbeiter fühlten sich nicht wohl vor den zwanzig Polizisten zu reden, und sie wurden ermutigt, ihre Ideen auf der Art und Weise mitzuteilen, die ihnen am besten lag. Beispielsweise tippte eine Person ihr Feedback ab, das dann auf eine Leinwand projiziert wurde. Die Polizeibeamten gaben eine hervorragende Resonanz zu ihren Erfahrungen und einige sagten, dies sei die effektivste Schulung gewesen, die sie je besucht hätten.

Der Anfang des Jahres 2020 war also großartig. Doch trotz all meiner Erfolge und meines wachsenden Selbstvertrauens erlebte ich eine schlechte psychische Episode. Ich fühlte mich immer noch sehr einsam und so andersartig als alle anderen. Eines Abends, als ich meine Universitätsfreunde in Leeds treffen sollte, wurde ich zunächst von ihnen versetzt. Also musste ich erst mal allein durch die Bars gehen. Als sie endlich auftauchten, war es sehr spät und wir trafen uns in einer Bar mit lauter Musik. Zu diesem Zeitpunkt hatte ich jedoch bereits die Nase voll von dieser Umgebung. Ich habe es damals oft in lauten Bars und Clubs erlebt, dass ich mich plötzlich ganz niedergeschlagen fühlte und dann allein an einem Tisch in einer dunklen Ecke saß und mich völlig elend fühlte. An diesem Abend verließ ich die Bar so schnell wie möglich und erlebte meinen schlimmsten Angstanfall jeher. Ich ging zum Leeds-Liverpool-Kanal, stand auf einer Brücke und starrte in die schwarzen Tiefen unter mir. Ich wollte einfach reinspringen, untergehen und meinem Leiden ein Ende setzen. Ich stand da, weinte und schrie: „Tu es, du Idiot, tu es!" Plötzlich kam eine Schwanenmutter mit ihren Jungen aus dem Nichts und schwamm direkt in mein Blickfeld und starrte mich an. Es ist ein Moment, den ich nie vergessen werde. Es klingt sicher sehr seltsam, aber die Tatsache, dass die Schwäne mich bemerkt hatten, erfüllte mich irgendwie wieder mit Hoffnung und Vertrauen in mich selbst. Ich war ein Teil dieser Welt und hatte ein Recht auf meinen Platz darin. Das weckte in mir den Wunsch, für diesen Platz zu kämpfen, und stärkte mich für die Zukunft.

## IM LOCKDOWN

Ich habe das erste Mal von der COVID-19-Pandemie in einem Coworking-Space in Leeds gehört, als die BBC News darüber berichteten. In dem Bericht hieß es, dass Reisende mit dem Virus aus China ankamen. Ich habe das zunächst abgetan. Ich dachte, dass die Mainstream-Medien mal wieder aus einer

Mücke einen Elefanten machten und dies in ein paar Wochen oder Monaten wieder vorbei sein würde. Viele Menschen isolierten sich selbst, was ich damals als seltsam und auch viel zu dramatisch empfand. Dann nahmen die Fälle zu und unser Premierminister Boris Johnson verkündete den ersten Lockdown.

Nach dieser Ankündigung wurden Projekte, die kurz vor der Unterzeichnung von Verträgen mit unserer Firma standen, storniert. Ich konnte es unseren Kunden nicht verübeln. Die Unsicherheit war beängstigend. Die Networking-Veranstaltungen wurden eingestellt und wir mussten unseren zweiten Arbeitgeber-Workshop auf unbestimmte Zeit verschieben. Die Formel-1-Saison begann nicht zur gewohnten Zeit und wir mussten unseren Urlaub absagen. Meine Schwester hat mir damals für ein paar Monate die Haare geschnitten, da ich nicht mehr zum Friseur gehen konnte. Ständig zu Hause bleiben zu müssen, fühlte sich an wie ein Gefängnis, wobei die Straßen aussahen, als ob wir uns in einer Zombie-Apokalypse befanden. Mit der Zeit gewöhnte ich mich daran, von zu Hause aus zu arbeiten und nur über Zoom mit Geschäftskontakten reden zu können. Aber das Selbstvertrauen, das ich in den letzten sechs Monaten sorgfältig wieder aufgebaut hatte, ließ langsam nach.

## DIE AUSWIRKUNGEN VON COVID-19

Die Vorstellung, ernsthaft krank zu werden, ist einer meiner größten Ängste. Als mir die Ernsthaftigkeit der Pandemie bewusst wurde, hatte ich Angst an COVID-19 zu erkranken und zu sterben. Das war nicht überraschend, da die Medien uns alle in Panik versetzten. Ich konnte dann auch nachvollziehen, dass der Lockdown das Beste war, um uns zu schützen, insbesondere ältere Menschen wie Nan und Pops. Aber ich habe auch gedacht, dass es höchstens zwei, drei oder vier Wochen dauern würde, bis sich die Lage wieder beruhigte. Doch als es immer weiterging, fing es an mir zunehmend auf die Nerven zu gehen. Ich konnte Nan und Pops nicht sehen, was mich beunruhigte, da ich wusste, dass Nan es hasste, allein zu sein. Sie brauchte immer jemanden, mit dem sie sich unterhalten konnte, und Pops hatte in den letzten Jahren Demenz entwickelt. Ich wusste nicht, wie lange es dauern würde, bis ich Omi in Deutschland wiedersehen würde. Sie lebte seit Opis Tod im Jahr 2017 allein. Ich hatte große Angst, meine Großeltern zu verlieren. Ich vermisste auch meine Freunde und das Bummeln durch die örtlichen Pubs. Als ich spazieren ging und sah, dass die meisten Menschen fit und gesund waren, wurde ich zunehmend sauer darüber, dass wir nicht wieder zur Normalität zurückkehren konnten. Ich beschwere mich laufend bei meinen Eltern über die Inkompetenz unserer Regierung. Ich habe mir sogar Verschwörungstheorien ausgedacht, die ich aber hier nicht erklären möchte, weil sie so lächerlich waren. Es war falsch von mir, so zu reagieren. Ich denke jetzt daran zurück, wie viele Familien das Trauma durchleben mussten, ihre Verwandten und Freunde zu verlieren. Ich habe damals den Kopf verloren und die Umstellung nicht gut gemeistert, aber das ist trotzdem keine Entschuldigung. Wenn ihr einen geliebten Menschen verloren habt, kann ich mich nur für mein Verhalten entschuldigen und spreche euch mein Beileid für eure Verluste aus.

Durch all mein Jammern und Stöhnen fing ich an mich selbst zu hassen, aber ich konnte es einfach nicht sein lassen. Ich habe jedoch daraus gelernt. Die Erinnerung daran, dass ich nicht besonders gut mit Situationen umgehen konnte, die außerhalb meiner Kontrolle lagen, war einschneidend. Ich mache jetzt das Beste aus den Situationen, die ich kontrollieren kann, und vermeide es um jeden Preis, mich über die Dinge, die außerhalb meiner Kontrolle liegen, zu beschweren.

**Hilfreiche Tipps aus Kapitel 15**

- Gib niemals die Hoffnung auf, auch nicht in den dunkelsten Momenten. Haltet euch an Zeichen fest, die euch aus der Verzweiflung herausholen, egal, wie seltsam sie sind.
- Vertraut darauf, dass es eine bessere Zukunft für euch gibt. Man weiß nie, was hinter der nächsten Ecke auf einen wartet.
- Wenn ihr die Kontrolle habt, euch aus einer unangenehmen Situation zu befreien, dann nutzt diese Kontrolle zu eurem Vorteil. Wenn ihr Verantwortung für euch selbst übernehmt, wird eurer mentales Wohlbefinden gestärkt.
- Wenn ihr auch nur das kleinste bisschen Vertrauen habt, dass ihr eure psychischen Probleme überstehen könnt, versucht daran festzuhalten und es in eurem eigenen Tempo Schritt für Schritt auszubauen. Versucht in Situationen, die ihr nicht kontrollieren könnt, euch auf das Positive zu konzentrieren, und beschwert euch nicht.

# KAPITEL 16
# FOKUSWECHSEL

Im Sommer 2020 wurde vieles wiedereröffnet und die Formel-1-Saison, zu meiner Freude, wieder aufgenommen. Von einer Rückkehr zur Normalität war jedoch noch lange nicht die Rede. Alle mussten weiterhin die Richtlinien zur Distanzierung befolgen. In der Firma hatten wir Schwierigkeiten, Neukunden zu erwerben. Unser typischer Kundenstamm, KMU und Kleinstunternehmen, zögerte mit der relativ großen Investition in das Website-Design. Meine Mutter und ich beschlossen, zu recherchieren, was wir anders machen könnten, um unsere Webagentur von allen anderen Agenturen abzuheben, die die gleichen Dienstleistungen wie wir anboten. Wir wussten, dass wir unser USP (Alleinstellungsmerkmal) und unsere Zielgruppe ändern mussten. Wir mussten also wieder ganz von vorn anfangen, um eine Lösung zu finden, die sich an die Pandemie-spezifischen Veränderungen in der Geschäftswelt anpasste.

Viele Menschen arbeiteten jetzt von zu Hause aus, einige saßen sogar zu Hause fest, wie etwa Menschen mit Behinderungen und sonstigen Beeinträchtigungen. Der

Zugang zum Internet zur Kommunikation, Informationsbeschaffung oder zum Online-Kauf von Dienstleistungen und Waren war zu einer der wichtigsten Verbindungen zur Außenwelt geworden. Uns wurde klar: Wir müssen uns dafür einsetzen und uns darauf spezialisieren, Websites für jedermann benutzerfreundlich zu gestalten. Der Fachbegriff dafür ist Website-Barrierefreiheit.

## WEBSITE-BARRIEREFREIHEIT

Unter Barrierefreiheit einer Website versteht man den Prozess, eine Internetplattform mit unterschiedlichen Benutzerbedürfnissen kompatibel zu machen. Das bezieht sich insbesondere auf Personen, die nicht gut oder gar nicht sehen können, keine Maus oder kein Tastfeld verwenden können, Schwierigkeiten beim Lesen oder Verarbeiten von Informationen haben oder nicht hören oder sprechen können. Dazu gehören auch unsere ältere Bevölkerung und Menschen mit dauerhaften, vorübergehenden, sichtbaren und versteckten Behinderungen. Allein im Vereinigten Königreich haben bis zu 45 % der potenziellen Website-Benutzer unterschiedliche Zugriffsbedürfnisse, und eine aktuelle Studie hat ergeben, dass 99 % der Website-Homepages nicht barrierefrei sind. Stellt euch beide Sichtweisen vor: Wie frustrierend es ist, auf eine Website zu gelangen, die ihr nicht nutzen könnt, oder, als Geschäftsinhaber, so viele potenzielle Kunden zu verlieren, weil eure Website nicht benutzerfreundlich ist. Man kann es schon fast damit vergleichen, dass der Eingang eines Ladens verbarrikadiert ist. Tatsache ist, dass Leute von einer Website wegklicken, die sie nicht nutzen können, und ihr Geschäft woanders tätigen. Ich habe an einem Kurs zur Barrierefreiheit von Websites teilgenommen und die Zertifizierung erhalten, die ich zum Starten benötigte. Wir hatten das Gefühl, dass wir hier unser

USP und etwas, das uns wirklich am Herzen liegt, gefunden hatten, da es den Menschen und Unternehmen in den schwierigen Zeiten nach der Pandemie half.

Ich möchte euch nun einige Beispiele für unterschiedliche Benutzerbedürfnisse zeigen.

**Blinde oder sehbehinderte Benutzer**

Blinde Menschen nutzen die technische Bedienungshilfe von Bildschirmlesern, um das wahrzunehmen, was sie auf einer Website nicht sehen können – Texte, Bilder und andere Inhalte. Das bedeutet, dass die Website so gestaltet und entwickelt werden muss, dass der Bildschirmleser die Informationen auf dem Bildschirm vorlesen kann.

Ich möchte nicht auf die technischen Details eingehen, aber es geht dabei um Code und alternative Beschreibungen. Die meisten Websites sind nicht mit Bedienungshilfen kompatibel, wohingegen diese heutzutage standardmäßig in Windows- und Mac-Computer integriert sind. Menschen mit Sehbehinderung haben Schwierigkeiten, kleine Texte oder Inhalte zu lesen, die ein geringes Kontrastverhältnis zum Hintergrund haben, wie zum Beispiel weißer Text auf gelbem Hintergrund. Die Website muss über geeignete Schriftgrößen und Farbverhältnisse verfügen und eine Textvergrößerung innerhalb der sichtbaren Bildschirmränder ermöglichen. Und Menschen mit Sehbehinderung nutzen auch häufig Bildschirmleser.

**Gehörlose oder hörgeschädigte Benutzer**

Benutzer mit Hörbehinderungen benötigen Untertitel für Videos, die auf einer Website präsentiert werden. Das gilt auch für Menschen, die sich in lauten oder ruhigen Umgebungen befinden, in denen sie den Ton eines Videos nicht hören können. Barrierefreie Untertitel ähneln normalen Untertiteln, zeigen aber auch andere Informationen in einem Video an, um gehörlosen Menschen das Verständnis des Kontexts zu erleichtern, wie schweres Atmen und andere Geräusche. Gehörlose Benutzer sind auch nicht in der Lage, Kontaktoptionen per Telefon oder Videoanruf zu nutzen. Es muss hier Alternativen wie eine E-Mail-Adresse oder ein Kontaktformular geben.

**Autisten oder Legastheniker**
Menschen mit kognitiven Einschränkungen haben Schwierigkeiten mit der Verarbeitung von Website-Informationen, bei denen Schriftgrößen und -typen zu klein oder zu ausgefallen sind, sodass sich die Augen nicht auf den Text konzentrieren könnten. Zu viel Text ohne Bilder oder Videos, oder unübersichtliche Layouts können schnell überwältigend und unerträglich werden.

**Farbenblinde Benutzer**
Farbenblinde Benutzer benötigen einen ausreichenden Farbkontrast, da sie einige Text- und Hintergrundfarbkombinationen nicht unterscheiden können. Eine Website sollte immer über ein gutes Farbkontrast-Verhältnis verfügen. Je höher das Verhältnis, desto besser ist der Farbkontrast für farbenblinde Benutzer.

**Körperlich beeinträchtigte Benutzer**
Unabhängig davon, ob die Beeinträchtigung vorübergehend oder permanent ist, können körperlich beeinträchtigte Benutzer möglicherweise nicht mit der Maus oder dem Tastfeld auf einer Website navigieren. Das gilt auch

für jemand mit einem gebrochenen Arm oder der unter Handzittern leidet. Die beste Lösung besteht darin, eine Website so benutzerfreundlich zu gestalten, dass sie mit der Tastatur auf dem Keyboard navigiert werden kann. Das bedeutet, dass der Benutzer durch Drücken der Tabulatortaste zwischen interaktiven Elementen wie Formularfeldern oder Links navigieren kann.

Durch Drücken der Aufwärts-/Abwärtspfeiltasten können Benutzer zwischen nicht interaktiven Elementen navigieren. Menschen ohne Gliedmaßen verwenden möglicherweise Bedienungshilfen, die auf die Tastaturnavigation angewiesen sind.

**Browser-, Geräte- oder Situationseinschränkungen**

Browser und Geräte (wie Smartphones oder Tablets) können die Schriftarten und das Layout einer Website unterschiedlich anzeigen. Eine Website muss mit allen Browsern und Geräten kompatibel sein, damit jeder sie auf die gleiche Weise nutzen kann.

## BARRIEREFREIES WEBSITE DESIGN, ENTWICKLUNG UND BERATUNG

Das Programmieren einer barrierefreien Website war eine steile Lernkurve. Ich musste mir nicht nur den Code aneignen, um eine Website zugänglich zu machen, sondern auch den Prozess vom Design bis zur Entwicklung erlernen. Ich wusste, dass schon bei der anfänglichen Gestaltung einer barrierefreien Website alle wichtigen Entscheidungen getroffen werden mussten. Dazu gehören die gewählten Schriftarten, Layouts, Bilder und Farben. In der Entwicklungsphase erfolgt dann die Umsetzung der zuvor getroffenen Entscheidungen. Die Entwickler müssen den richtigen Code verwenden, um die Website mit Tastaturfunktionen und Bedienungshilfen wie Bildschirmlesern kompatibel zu machen. Die Verfasser von Inhalten müssen sicherstellen, dass der Inhalt der Untertitel und des allgemeinen Textes verständlich ist. Damit ein Projekt funktioniert, müssen Designer, Entwickler und Texter miteinander kommunizieren.

Ich befasse mich jetzt nicht mehr mit Design und Entwicklung, und prüfe stattdessen Websites auf Barrierefreiheit und arbeite dann mit den Webentwicklern, die die Websites erstellt haben, daran, die Fehler zu beheben. Ich möchte so viele Entwickler wie möglich schulen, da dies ein so wichtiges Thema ist. Die Entwickler, die ich bisher geschult habe, verwenden jetzt standardmäßig barrierefreie Methoden auf ihren zukünftigen Webplattformen. Dies ist sinnvoll, da es sowohl den Website-Benutzern als auch den Geschäftsinhabern zugutekommt.

## BERICHTERSTATTUNG IN DER PRESSE

Unser neuer Ansatz fand bei den Medien schnell Anklang. Unser Wirtschaftsreporter bei der Yorkshire Evening Post schrieb ein paar neue Artikel über uns und wir führten Interviews mit verschiedenen Medien über Zoom. BBC Radio Leeds lud uns zu einem weiteren Radiointerview mit Stephanie Hirst ein, wobei wir über unseren neuen Fokus auf Barrierefreiheit im Internet und dessen Bedeutung sprachen. Ich war nicht mehr so nervös wie beim ersten Interview, da ich wusste, was mich erwartete. Allerdings fand das Interview pandemiebedingt nur online statt. Stephanie warf mich diesmal ‚ins kalte Wasser' und stellte mir die erste Frage. Das hat mich aber nicht beunruhigt. Ich erinnerte mich an Stephanies Rat aus unserem ersten Live-Interview und befolgte ihn. Für unser Unternehmen sah es wieder gut aus, aber dann folgten Ereignisse, die unsere ganze Familie erschütterten.

**Nützliche Tipps aus Kapitel 16**

- Wenn etwas im Geschäft und im Leben nicht mehr funktioniert, fangt wieder von vorn an und passt euch der neuen Situation an.
- Wenn ihr der Eigentümer oder Entscheidungsträger eines Unternehmens seid, prüft, ob eure Website barrierefrei ist. Es erleichtert Menschen mit Beeinträchtigungen das Leben beim Online-Einkauf und beim Lesen von Online-Artikeln erheblich. Und es wird eurem Geschäftswachstum guttun, da ihr zufriedenere Kunden haben werdet.

## KAPITEL 17
## **TRAUERN**

Die Demenz von Pops hatte sich während der Pandemie erheblich verschlechtert und Nan musste ihn rund um die Uhr betreuen. Allerdings kümmerte sie sich nicht um ihre eigene Gesundheit und sah immer müder und dünner aus. Wir dachten, sie sei deprimiert, da Pops so viel Aufmerksamkeit brauchte und sie aufgrund der Covid-Beschränkungen ihre Freunde und Familie nicht sehen konnte. Sie lachte gar nicht mehr und hatte ihre positive Einstellung verloren. Es war, als hätte sie auf einmal zu allem eine mutlose Einstellung und keine Lebensfreude mehr. Das hat mich sehr verunsichert und beunruhigt. Pops musste schließlich in ein Pflegeheim kommen und meine Tante brachte Nan dazu, dass sie zum Arzt ging. Die Untersuchungsergebnisse erwiesen sich als viel schlimmer, als wir alle gedacht hatten.

Mit diesem Kapitel möchte ich euch meine verletzlichere Seite zeigen. Ich habe sie bisher niemandem außerhalb der Familie gezeigt und meine Gefühle eher innegehalten.

Opis Tod im Jahr 2017 war für mich schon schlimm gewesen. Aber die schwierigsten Phasen meines Lebens erlebte ich Ende 2020 und Anfang 2021. Es ist schwer beim Schreiben dieses Kapitels meine Gefühle unter Kontrolle zu halten. Es reflektiert jedoch einen wesentlichen Bestandteil meiner Geschichte und hat mich auf Dauer zu einem stärkeren Menschen gemacht. Meine Familie wird es besonders schwierig finden, dieses Kapitel zu lesen. Aber es ist für jeden schwer, die Menschen zu verlieren, die Teil unseres Alltags sind und die uns bedingungslos lieben und akzeptieren. Für autistische Menschen kann dies ein Übergang mit verheerenden Auswirkungen sein. Wir brauchen die Menschen, die uns zuhören und uns unterstützen, besonders um mit unseren ständigen Kämpfen fertig zu werden. Für mich waren diese Leute, meine Nan und mein Pops.

## DIE TRAUER UM NAN

Unser letztes Telefonat war schön. Nan hatte die BBC-Sportpersönlichkeit des Jahres im Fernsehen an, was großartig war, da wir beide gerne gemeinsam Sport schauten. Lewis Hamilton wurde gezeigt, als er in diesem Jahr den Preis gewann. Sie schien auch endlich wieder mal sie selbst zu sein, und wir lachten viel. Ich wusste damals noch nicht, dass es unser letztes gemeinsames Lachen sein würde. Das Allerletzte, was ich je zu ihr sagte, war: „Ich komme nächste Woche vorbei." Das letzte Mal, als ich Nan sah, war dann aber, als mein Vater sie kurz vor Weihnachten ins Krankenhaus brachte. Sie fuhren an unserem Haus vorbei und Nan und ich winkten uns zu. Ich wünschte, ich hätte meinen Vater gebeten, das Auto anzuhalten, um sie zu umarmen und ihr dafür zu danken, dass sie sich seit meinem sechsten Lebensmonat so gut um mich gekümmert hat. Im Nachhinein bedauere ich, dass ich nicht mehr Zeit mit ihr verbracht habe als sie krank war. Am 7. Januar 2021 spielte ich oben Videospiele und meine Mutter kam und erzählte mir, dass es Nan sehr schlecht ging. Mein Vater hatte wie jeden Abend Nan im Krankenhaus angerufen, und an diesem Abend war sie völlig aufgerührt. Der Gedanke an den Tod machte ihr Angst. Aufgrund der Einschränkungen durch die Pandemie konnte keiner von uns bei ihr sein, um sie zu trösten. Kurz nach diesem Anruf rief das Krankenhaus meinen Vater an und riet ihm und meiner Tante, so schnell wie möglich zu kommen, da sich Nans Zustand erheblich verschlechtert hatte. Es war ein verschneiter Abend und sie konnten nicht schnell genug dorthin gelangen. Um 19:00 Uhr verstarb meine liebe Nan. Als mein Vater und meine Tante ein paar Minuten später im Krankenhaus ankamen, war sie bereits gestorben. Beide hielten ein letztes Mal ihre Hand und mein Vater erzählte später, dass sie sehr friedlich ausgesehen hatte. Zu Hause versuchte ich mich abzulenken, indem ich Videospiele spielte. Dann hörte ich unten meine Mutter und meine Schwester weinen. Mein Vater hatte angerufen. Ich wusste genau, was passiert war, noch bevor sie es mir erzählten. Ich wollte nicht nach unten gehen. Die Zeit war stehen geblieben und ich fühlte mich taub. Ich starrte einfach benommen aus meinem Fenster auf die weiße Schneedecke.

Drei Wochen später fuhr der Bestattungswagen vor dem Haus von Nan und Pops ab. Menschen säumten die Straße. Sie hatten sich versammelt, um sich zu verabschieden, und klatschten, als der Wagen an ihnen vorbeifuhr. Aufgrund der Distanzierungsmaßnahmen durften nur enge Familienangehörige am Bestattungsdienst im Krematorium teilnehmen. Nan hätte sich ein volles Krematorium und eine richtige Trauerfeier gewünscht. Das Schlimmste an diesem Tag war, dass Pops aus gesundheitlichen Gründen nicht teilnehmen konnte.

Es war allgemein bekannt, dass Nan es nicht mochte, wenn Leute ihr Alter kannten. Wir sind ihrem Wunsch nachgekommen, indem wir ihr Geburtsdatum nicht auf der

Bestattungsanzeige angegeben haben. Das Foto auf der Anzeige zeigte sie bei einem der Prom-Konzerte, die sie so sehr liebte, den Union Jack schwenkend, mit einem Bier in der Hand und einem stolzen Lächeln im Gesicht. Der Bestattungsunternehmer kannte Nan und sprach nett über sie im Bestattungsdienst. Meine Mutter las eine Rede vor, die alle besonderen Momente beinhaltete, die jedes Familienmitglied mit Nan erlebt hatte. Nan war ein ‚Sonnenschein', jemand, der in meinem Herzen immer ewig jung bleiben wird.

## DIE TRAUER UM POPS

Mein Vater und meine Tante haben Pops im Pflegeheim besucht, um ihm die traurige Nachricht über Nan zu bringen. Er weinte ein bisschen, vergaß es aber im nächsten Moment wieder. Das war sowohl herzzerreißend als auch tröstlich. Zumindest hat er nicht unter Nans Tod gelitten. Ich konnte Pops endlich besuchen und musste einen Covid-Test machen, bevor ich ins Pflegeheim durfte. Er saß auf seinem Stuhl und ich war ganz schockiert, da er nur noch ein Schatten von sich selbst war. Als ich ihn das letzte Mal zu Hause gesehen hatte, nannte er mich immer noch ‚Cal' und hatte ein gesünderes Gewicht. Aufgrund der Covid-Beschränkungen durften wir ihn nicht oft sehen. Ich konnte zweimal hingehen – einmal mit meiner Schwester und einmal mit meinem Cousin. Wir nahmen eine Schachtel Malteser Schokolade mit, da es seine Lieblingssüßigkeit war. Wir sprachen über seine Arbeit rund um die Welt und seine Cricket-Tage. Wir gaben ihm die Kappe, die unser örtlicher Cricket-Club für ihn geschickt hatte, und erwähnten, wie er Geoffrey Boycott besiegt hatte. Aber wir konnten kein richtiges Gespräch mehr mit ihm führen. Er antwortete nur mit „Ja" oder fing an zu weinen und wiederholte immer wieder: „Oh nein." Er hat doch irgendwie gelitten. Pops erkrankte schließlich im Pflegeheim an Covid. Am 4. August 2021, nur sieben Monate nach Nans Tod, nahm er seine letzten Atemzüge. Aber dieses Mal konnten mein Vater und meine Tante bei ihm sein und er starb friedlich mit ihnen an seiner Seite. Als Pops starb, fühlte ich mich wieder taub. Aber ich wusste, dass es das Beste für ihn war, da er keine Lebensqualität mehr hatte. Zur Beerdigung konnten dieses Mal alle zum Bestattungsdienst im Krematorium kommen. Die Kapelle war proppenvoll. Pops war, wie Nan, ein beliebtes Mitglied unserer Dorfgemeinschaft gewesen, und so viele Menschen wollten ihre Aufwartung machen, dass einige vor der Kapelle stehen mussten. Derselbe Bestattungsunternehmer hielt den Bestattungsdienst, und meine Mutter las erneut eine persönliche Rede vor. Und dieses Mal gab es auch endlich eine Trauerfeier. Diese war dann sowohl für Nan als auch für Pops. Mein Vater sagte ein paar Worte, und dann haben alle sich gut unterhalten, so wie Nan und Pops es sich gewünscht hätten. Es war ein schöner Tag; viel besser als Nans Beerdigung. Wir haben das Leben von Nan und Pops gefeiert, anstatt nur zu weinen. Das hat mir dabei geholfen, die Erinnerungen, die ich an sie habe, zu bewahren.

## MIT MEINER TRAUER UMGEHEN

Zwei Jahre später trauere ich immer noch um Nan und Pops, wenn auch auf eine andere Weise. Es war irgendwie einfacher, um Pops zu trauern. Ich hatte Zeit, meinen Verlust zu verarbeiten, bevor er starb, da seine fortschreitende Demenz ihn für uns bereits unerreichbar gemacht hatte. Ich habe allerdings weiterhin nicht alles verarbeitet, was mit Nan passiert ist, da es so plötzlich war. Ich war ihr so nah und es hat mich psychisch sehr angegriffen, dass sie nicht mehr für mich da ist. Manchmal träume ich davon, dass sie eines Tages aus

dem Krankenhaus zurückkommt, da ich immer daran
geglaubt hatte, sie würde ewig leben.

Anfangs hatte ich schwer daran gearbeitet, den Schmerz
über den Verlust von Nan und Pops zu unterdrücken. Ich
hatte Angst, dass dieser Übergang niemals enden und mich
dauerhaft auf die schlimmste Art und Weise angreifen würde.
Ich komme jetzt doch langsam mit meiner Trauer klar.
Anstatt an die Zeit kurz vor ihrem Tod zu denken, versuche
ich, an die schönen Zeiten zu denken, die wir miteinander
hatten. Ich bin glücklich, dass ich immer noch meine anderen
Familienmitglieder habe, die mir weiterhin die Liebe und
Unterstützung geben, die ich brauche.

Mein Vater und meine Tante haben den so plötzlichen
Verlust ihrer Eltern einigermaßen gut verkraftet. Aber sie
haben eine viel traumatischere Situationen erleben müssen als
ich. Ich weiß, dass es meinen Vater schwer getroffen hat, da er
seitdem nicht mehr derselbe Mensch ist. Aber wir sind eine
liebevolle Familie und helfen uns gemeinsam durch die
Trauergefühle.

**Hilfreiche Tipps aus Kapitel 17**

- Verbringt so viel Zeit wie möglich mit euren
  Lieben. Ihr wisst nicht, wie lange ihr sie in eurem
  Leben habt.
- Fühlt euch nicht unter Druck gesetzt, auf eine
  bestimmte Weise zu trauern. Jeder trauert auf
  seine eigene Weise. Macht es so, wie es für euch am
  besten ist.
- Um die Trauer zu erleichtern, erinnert euch an die
  schönen Zeiten, die ihr mit euren Lieben hattet.

# KAPITEL 18
# UNABHÄNGIG LEBEN

Als ich aus dem Haus meiner Eltern auszog, hat sich meine persönliche Entwicklung zusehends beschleunigt. Während meine Selbsterkenntnis und mein Selbstbewusstsein mir geholfen hatten, meine übermäßigen Sorgen und Ängste zu reduzieren, war die Unabhängigkeit des Alleinlebens die beste Hilfe, sie vollständig zu beseitigen. Ich freute mich darauf, auszuziehen, da ich mich nach Unabhängigkeit sehnte. Allerdings wurde mir in den ersten Wochen klar, wie sehr ich mich in bestimmten Dingen auf meine Eltern verlassen hatte, was mir vorher nicht bewusst war. Ich hatte es als selbstverständlich angesehen, dass meine Mahlzeiten für mich gekocht und meine Kleidung gewaschen wurden. Es war es eine Transformationsphase, die mich zu einem *echten* Erwachsenen machen sollte.

## EINZUG IN DAS HAUS VON NAN UND POPS

Nach Nans Tod stand das Haus einige Monate lang leer. In unserer Gegend gab es einige Einbrüche, und mein Vater und meine Tante kamen auf die Idee, dass ich in das leer stehende Haus einziehe. Ich sollte mich darum zu kümmern, bis sie sich dazu durchringen konnten, es zu verkaufen. Ich war seit Nans Tod nicht mehr dort gewesen und wollte dieses Haus, in dem wir immer so viel Spaß hatten, nicht mit traurigen Zeiten verbinden. Als ich zum ersten Mal allein dort war, fühlte es sich sehr seltsam an. Es war zu still. Ich hatte fast erwartet, Nan sagen zu hören: „Komm rein, Callum, mein *Chicken*. Setz dich doch hin." Das einzige Geräusch, das ich hörte, war das Summen des Kühlschranks. Aber es fühlte sich doch noch überraschend friedlich und sonnig an. Ich bin zwei Monate nach Nans Tod dort eingezogen.

## DIE ERSTEN MONATE

Die ersten Monate allein zu leben, waren aufregend und überwältigend zugleich. Da ich gerne koche, bin ich regelmäßig in den Supermarkt gegangen, um die Zutaten für Rezepte zu besorgen, die ich online gefunden habe. Ich erinnere mich, dass ich mich darauf gefreut habe, einige meiner Lieblingslieder zu spielen, während ich etwas kochte und in der Küche herumtanzte. Das Einzige, was mich nicht begeisterte, war der Abwasch danach. Auch das Waschen meiner Sachen war für mich anfangs verwirrend, weil ich verschiedene Knöpfe drücken und die Waschmaschine einschalten musste. Nachdem meine Mutter mir gezeigt hatte, wie es funktioniert, war es relativ einfach. Die Gartenarbeit habe ich auch recht schnell gemeistert, ich fand aber, dass es mehr Arbeit war, als ich ursprünglich gedacht hatte. Ich hatte erwartet, nur mit dem Rasenmäher auf- und abzufahren. Mein Vater zeigte mir jedoch, wie man auch die Rasenkanten schneidet und das Unkraut aus dem Boden entfernt. Außerdem gab es in Nan und Pops Garten drei separate Bereiche, deren Pflege eine Herausforderung an sich war.

Der einzige Aspekt, der mir überhaupt keinen Spaß machte, war das Putzen und Staubsaugen. Ich hatte mein Zimmer schon selbst geputzt, als ich noch bei meinen Eltern wohnte, was mir dann auch schon nicht gefiel. Somit war es keine große Überraschung, dass es mir davor graute ein ganzes Haus sauber machen zu müssen. Der überwältigende Teil des Alleinlebens war zunächst die Anforderung, mit Multitasking alles unter einen Hut zu bringen, da ich gleichzeitig auch daran arbeitete mein Unternehmen aufzubauen. Es dauerte eine Weile, bis ich mich daran gewöhnt hatte und die Angstanfälle loswurde. Ich werde nun auf die Erfahrungen eingehen, die ich in den einzelnen Verantwortungsbereichen gemacht habe, und darauf, wie ich meine Multitasking-Fähigkeit verbessert habe.

## KOCHEN UND EINKAUFEN

Ich fand schnell heraus, dass Kochen und Einkaufen die wichtigsten Verantwortungen waren, die ich meistern musste, um unabhängig leben zu können. Letztendlich benötigt man Lebensmittel zum Überleben. Die größte Herausforderung war die Navigation durch einen Supermarkt. Jeder Bereich ist zwar ausgeschildert, aber für mich war alles zu nah beieinander und viel zu unübersichtlich. Ich ging ständig im Kreis herum, da ich die Schilder nicht richtig verarbeiten konnte und auch fest entschlossen war, die Mitarbeiter nicht um Hilfe zu bitten. Während ein Einkaufsbummel maximal wohl eine Stunde dauern sollte, war ich manchmal zwei, drei Stunden im Supermarkt. Ich geriet in Panik, weil ich nicht wusste, ob ich alles bekommen würde, bevor der Supermarkt schloss. Je mehr ich jedoch in meinen gewohnten Supermarkt ging, desto einfacher wurde es.

Beim Kochen verwirrte mich die Reihenfolge, in der die Zutaten gekocht werden sollten. Bei Spaghetti Bolognese habe ich mich beispielsweise so sehr auf das Kochen von Fleisch und Soße konzentriert, dass ich die Nudeln vergessen habe, wodurch es dann etwas chaotisch wurde. Allerdings nutzte ich letztendlich meine strukturierte Denkweise und schrieb auf, in welcher Reihenfolge ich die verschiedenen Zutaten kochen musste. Ich kam zu dem Schluss, dass es am besten war, wenn ich die Eieruhr für jeden Vorgang einstellte, um zu sehen, wie viel Zeit ich noch für die anderen Zutaten brauchte. Das hat wirklich geholfen. Ich hatte auch Schwierigkeiten zu beurteilen, ob einige der Zutaten wie Hühnchen, Hackfleisch oder Milch noch genießbar waren. Bevor ich allein lebte, hatte ich immer auf die Haltbarkeitsdaten geschaut, aber meine Eltern rieten mir, dass Lebensmittel, die im verschlossenen Kühlschrank oder im Gefrierschrank aufbewahrt würden, viel länger haltbar wären. Das ergab für mich keinen Sinn und ich benötigte manchmal Hilfe bei der Entscheidung, ob ich Lebensmittel verwenden oder wegwerfen sollte. Ich verstand jedoch, dass schädliche Bakterien, den Geruch der Lebensmittel verderben. Also habe ich das von da an als Maßstab verwendet. Nachdem ich alle meine Systeme eingerichtet hatte, kochte ich auch gerne für meine Eltern oder meine Schwester, und lud sie manchmal zum Abendessen ein. Ich musste dann einfach mehr Zutaten im Supermarkt zu kaufen, die mehr kosteten. Allerdings war es manchmal doch schwierig zu wissen, wie viel ich brauchte, obwohl die Rezepte oder die Packungen das angaben. Alles war zu der Zeit eine steile Lernkurve, die ich letztendlich durch Übung gemeistert habe. Ich habe auch herausgefunden, dass es sich lohnt, das Besteck und die Schneidebretter während des Kochens abzuwaschen. Aufgepasst, Tagträumer!

## WÄSCHE WASCHEN

Anfangs war es schwierig, sich die Funktionsweise jedes einzelnen Waschmodus und der Temperatureinstellungen zu merken. Aber die Zuordnung der erforderlichen Schritte zu den Temperaturen half mir dabei, mich mit dem Waschen meiner Kleidung vertraut zu machen. Beispielsweise war eine 30-Grad-Wäsche für dunkle Kleidung, eine 50-Grad-Wäsche für helle Sachen und eine 60-Grad-Wäsche für Handtücher. Die Grad-Zahlen waren die Indikatoren für die Aktionen, und so konnte ich mir die Aufgaben leicht merken. Die Herausforderung, meinen Wäschekorb nicht zu überfüllen, löste ich wieder einmal mit meiner strukturierten Denkweise. Ich erstellte einen Zeitplan, wann ich helle und dunkle Kleidung waschen würde, und hielt mich daran.

## GARTENARBEIT UND PUTZEN

Ich war auf die Pflege meines Gartens stolz, weil das eine Fähigkeit war, die mir wichtig war. Zum Glück hatte ich meinen Vater, der seinen Garten sehr gründlich pflegt. Er brachte mir bei, wie man das Gras und die Rasenkanten gerade schneidet. Ich fand, dass es sehr therapeutisch und befriedigend ist, mit dem Rasenmäher durch das Gras zu fahren. Außerdem war es an heißen und sonnigen Tagen eine gute Gelegenheit, braun zu werden, was mir ein gutes Gefühl gab. Das Einzige, was weniger Spaß machte, war das Jäten. Die Aufgabe selbst war ziemlich einfach, aber die vielen Unkräuter wuchsen so schnell, dass es eine Herausforderung war, sie in Schach zu halten. Zudem waren sie schwer zu sehen, wenn viele abgefallene Blätter herumlagen.

Und jetzt kommen wir zum Putzen – meiner unbeliebtesten Aufgabe. Fairerweise muss ich sagen, dass es super ist, wenn man ein sauberes Haus hat, das gut riecht. Es tut dem Selbstrespekt gut, wenn man sich um seinen Wohnraum kümmert. Mein ursprünglicher Plan, nur eine Stunde mit Putzen zu verbringen, scheiterte allerdings oft an den Unmengen von Staub. Als ich den Staub von den verschiedenen Oberflächen wischte, konnte ich sehen, wie sich der aufgewirbelte Staub wieder an genau derselben Stelle absetzte. Ich musste den Vorgang noch zwei oder dreimal wiederholen. Ich muss sagen, dass ich das Reinigen der Toilette dem Staubwischen vorgezogen habe. Ich glaube, das sagt euch schon etwas. Das Wechseln der Bettwäsche war eine weitere Geduldsprobe für mich. Meine Koordinationsschwierigkeiten machten das Beziehen der frischen Bett- und Kissenbezüge besonders mühsam. Die meisten Leute würden wohl nicht länger als 15 Minuten dazu benötigen und bei mir hat es fast eine Stunde gedauert.

Ihr seht also, das Alleinleben war für mich mit einigen zusätzlichen Schwierigkeiten verbunden. Aber es hat mein Selbstvertrauen enorm gestärkt. Und es hat sich gezeigt, dass mein strukturierter Ansatz es mir ermöglicht, Bewältigungsmechanismen für die Herausforderungen eines unabhängigen Lebens zu finden.

**Nützliche Tipps aus Kapitel 18**

- Geratet nicht in Panik, wenn euch das Alleinleben zunächst überfordert. Ihr werdet euch letzten Endes daran gewöhnen, auch wenn es lange dauert.
- Geht bei der Planung eurer Aufgaben strukturiert vor. Es wird sich dann nicht mehr so anfühlen, also ob ihr einen zu steilen Berg erklimmen wollt.

- Auch wenn ihr einige Hausarbeiten hasst, stellt euch vor, wie glücklich ihr sein werdet, wenn ihr damit fertig seid.
- Verwendet Indikatoren wie Zahlen, um euch bestimmte Aufgaben besser einzuprägen. Auf diese Weise bleibt der Vorgang bei euch haften und er wird dadurch einfacher.
- Nehmt euch ausreichend Zeit bei Aufgaben, für die ihr intensive Koordination benötigt. Ihr setzt euch somit weniger unter Druck.

# KAPITEL 19
# SELBSTENTWICKLUNG

"Du machst dir zu viele Sorgen, Callum." Nans Worte kommen mir immer wieder in den Sinn, wenn mich meine Ängste bedrücken. Ich weiß, dass dies heutzutage in Bezug auf psychischem Wohlgefühl oberflächlich und veraltet klingt. Aber für Nans Generation kam eine schlechte mentale Gesundheit einfach davon, sich zu viele Sorgen zu machen. Für mich reichten ihre Worte aus, mich zu entschließen, meine übermäßigen Sorgen und Ängste loszuwerden. Diese Bemühungen haben mir auch geholfen, selbstbewusster und gesellschaftlich weniger unbeholfen zu werden.

Meine Selbstentwicklung bestand aus ständigem Ausprobieren von Strategien. Einige funktionierten, und andere nicht. Jetzt gehört das bei mir einfach zu meinen anhaltenden Lernbemühungen. Mit ihren Höhen und Tiefen haben meine Bemühungen immer zu einem Wachstumsschub geführt.

## REDUZIERUNG DER ARBEITSÜBERFORDERUNG

Ich habe mir sechs Monate lang zweiwöchige Ziele gesetzt, um meine Überforderungsangst Schicht für Schicht abzubauen. Ich erstellte Word-Dokumente mit Tabellen, in denen ich die gewünschten Meilensteine auflistete, wie ich sie erreichen könnte, und ob ich sie erzielt und was zu meinem Erfolg oder Fehlschlag geführt hatte. Bei Fehlschlägen würde ich mir noch einmal zwei Wochen geben, bis ich sie in Erfolge umgewandelt hatte.

Der größte Erfolg dieser Übung bestand darin, dass ich nicht jedes Mal ausrastete, wenn ein unerwartetes Problem mit einer Website auftrat oder wenn Kunden plötzlich ihre Meinung über ein Design änderten. Ich hatte diese destruktiven Übergangsangstzustände eliminiert.

Und wie habe ich das geschafft?

Bevor ich mit meinem Selbstentwicklungsplan begann, fühlte ich mich immer verpflichtet, sofort Antworten auf E-Mails zu geben. Das hat mich überwältigt, wenn mehrere Anfragen zugleich erledigt werden mussten. Zunächst musste ich die E-Mails aufmerksam lesen und, wenn sie lang waren, begann der Text über den Bildschirm zu *schwimmen*. Manchmal brauchte ich dann eine Stunde, um eine Antwort zu schreiben. Ich hatte das Gefühl, dass ich Zeit verschwendete, weil ich wusste, dass ich derweil viel produktivere Aufgaben hätte erledigen können. Ich habe das geändert, indem ich mir einen längeren Zeitraum gab, um die E-Mails zu beantworten. Ich würde etwa Antworten nur formulieren, wenn ich zwischen den wichtigeren Aufgaben Zeit dazu hatte. Dadurch konnte ich auch erst mal in Ruhe verarbeiten, was von mir erwartet wurde. In der ersten Woche fiel es mir schwer, nicht zu meinen alten Gewohnheiten zurückzukehren, aber in der zweiten Woche wurde ich immer vertrauter mit der neuen Arbeitsweise, bis es mit der Zeit zu einem intuitiven Prozess wurde.

## VERANTWORTUNGSÜBERNAHME IM UNTERNEHMEN

Ich setzte mir außerdem zweiwöchige Ziele für die Weiterentwicklung des Unternehmens und hielt regelmäßige Besprechungen mit meiner Mutter. Bisher hatte ich mich immer auf andere verlassen, von meinen Lernunterstützungsassistenten in der Schule bis zu meinen Eltern zu Hause. Deshalb hatte ich immer das Gefühl, mich hinter anderen zu verstecken. Eines Abends brachte mein Vater ein altes Whiteboard aus seinem Büro mit, und ich fing an, es zu nutzen, um Geschäftsentwicklungsideen sowie wöchentliche und monatliche Ziele in Spalten aufzuschreiben. Mir wurde klar, wie viel Bauchgefühl ich für die Geschäftsentwicklung hatte und vertraute meiner Intuition viel mehr. Das führte dazu, dass ich zwei Auszeichnungen im Jahr 2021 gewann: „Neurominority Achiever of the Year" (Neuro-Minderheits-Leistungsträger des Jahres) und „Young Digital Leader of the Year". Die erste Auszeichnung war eine fantastische Ehre, da eines der Ziele bei der Gründung meines Unternehmens darin bestand, mit gutem Beispiel voranzugehen und andere autistische Menschen zu inspirieren, das Gleiche tun. Der zweite Preis war für mich nervenaufreibender. Die Digital City Awards sind in der Medienbranche Großbritanniens bekannt. Das bedeutete, dass ich im Falle eines Gewinns eine wichtige Auszeichnung für den digitalen Sektor im Vereinigten Königreich gewinnen würde. Die Preisverleihung fand in diesem Jahr (bedingt durch Covid) als Live-Event auf YouTube statt. Viele Leute aus der Medienbranche würden es sehen. Ich konnte nicht auf den Bildschirm schauen, als die Nominierungen bekannt gegeben wurden und der Moderator die Nominierungen vorlas. Dann gab es eine Pause. Mein Herz sprang mir fast aus der Brust. Dann sagte der Moderator: „Es ist Callum Gamble!" Ich sprang nicht auf und ab, da ich mich vor Ungläubigkeit wie gelähmt fühlte. Es dauerte eine Weile, bis ich verstanden habe, dass Hunderte oder sogar Tausende von Menschen für mich gestimmt hatten, um diese Auszeichnung zu erhalten.

Als ich jedoch ein paar Tage später beide Trophäen per Post erhielt, fühlten sie sich so gut in meinen Händen an. Der Gewinn dieser beiden Auszeichnungen fühlte sich auch so an, als hätte ich eine Belohnung für die Überwindung meiner Ängste erhalten.

## VERANTWORTUNGSÜBERNAHME IN MEINER FREIZEIT

Mein Erfolg im Berufsleben hat mich dazu inspiriert, auch endlich etwas gegen meine gesellschaftlichen Unsicherheiten zu unternehmen. Die Leute sagten mir immer, wie nett und freundlich ich sei. Das hat mich geärgert. Versteht mich hier nicht falsch, ich wollte nicht aufhören, freundlich oder höflich zu sein; man sollte schließlich immer freundlich und höflich sein. Aber auf diese Weise wahrgenommen zu werden, bedeutete für mich eher, dass ich mich zu sehr an die neurotypische Welt anpassen wollte, und zu viel darin investierte, den Menschen zu gefallen. Die Leute dazu zu bringen, mich zu mögen und mich davor zu scheuen, ich selbst zu sein, verstärkte meine Unsicherheiten.

Die folgenden zwei Beispiele zeigen, wie ich von unnötigen Denkweisen besessen war, und wie diese mich unglücklich machten und mein Selbstvertrauen schwächten.

## Der Versuch meine Stimme zu ändern

Ich habe versucht, meine Stimme tiefer zu machen, damit sie männlicher klingt. Ich war auch nicht damit zufrieden, wie gestelzt und abgehackt meine Worte klangen. Als ich andere fragte, wie sie meine Stimme empfanden, sagten sie, dass sie normal sei. Ich habe es ihnen nicht abgenommen. Ich wollte Frauen beeindrucken und den Respekt anderer Männer gewinnen. Ich versuchte, eher distanziert und nicht enthusiastisch zu wirken – ähnlich einem ‚Platzhirsch' wie James Bond. Für andere war es offensichtlich, dass ich eine Rolle spielte, und verwirrte oder amüsierte sie bestenfalls.

## Der Versuch meine natürliche Haltung zu ändern

Ich versuchte, aufrechter zu stehen und zu sitzen. Mein Rücken schmerzte und ich sah aus, als hätte ich ein riesiges Lineal verschluckt. Ich habe so sehr versucht, meine Bewegungen zu ändern, um meine Koordination zu verbessern. Der einzige Effekt, den ich damit erzielte, war, dass ich noch unbeholfener aussah als zuvor.

Ich musste diese schmerzhaften Erfahrungen durchmachen, um zu erkennen, dass die wahren Gewinner die Menschen sind, die wissen, was für sie wichtig ist und was nicht. Ich stellte fest, dass ich eine gesellschaftliche Strategie entwickeln musste, die für mich und nicht für andere richtig war. Die Entscheidung, ob die Leute mich mochten oder nicht, sollte ich ihnen überlassen. Ich musste akzeptieren, dass ich nichts an mir ändern musste. Ich werde euch nun zeigen, wie ich meine Denkweise geändert habe.

### Aufgeschlossenheit entwickeln

Ich war schon immer sehr kontaktfreudig, hatte jedoch nie das Selbstvertrauen, neue Leute kennenzulernen und mein gesellschaftliches Leben auszudehnen, was sich auf mein geistiges Wohlbefinden auswirkte. Ich erinnere mich an einen bestimmten Abend, an dem ich mich völlig niedergeschlagen fühlte. Ich rief meine Schwester an, die einen großen Freundeskreis hat, und fragte sie, wie ich meinen Freundeskreis erweitern konnte. Meine Familie versuchte mich davon zu überzeugen, einem Verein beizutreten, um neue Leute kennenzulernen. Ich glaubte, dass Clubs nur etwas für ältere Menschen seien. Meine Schwester sagte mir, dass ich zu engstirnig sei. Das gefiel mir gar nicht, und ihre Worte spornten mich an, aufgeschlossener zu werden.

Ende 2021 bin ich dann auf die App *Meetup* gestoßen. Meetup ist eine Social-Media-Plattform, auf der man auf verschiedenen Veranstaltungen neue Leute kennenlernen kann. Es hat mich sofort fasziniert, als ich sah, dass andere Gleichgesinnte im gleichen Alter diese lokalen Veranstaltungen besuchten. Ich trat Billard-, Schriftsteller- und Brettspiel-Clubs bei. Seitdem habe ich meinen Gesellschaftskreis enorm erweitert. Und das Wichtigste dabei: Ich spiele keine Rolle. Die ängstliche achtzehn oder neunzehnjährige Version von mir hätte nicht im Traum daran gedacht, an Meetup-Veranstaltungen als sich selbst teilzunehmen.


Ich fing dann auch an, an Speed-Dating-Veranstaltungen teilzunehmen, nicht um eine Beziehung zu finden, sondern um mein Selbstvertrauen bei Gesprächen mit Frauen zu stärken. Ich habe gelernt, dass ich mich nicht unter den Druck setzen sollte, Frauen nach ihrer Telefonnummer zu fragen, wenn ich mit ihnen rede und flirte. Ich sollte auch mit ihnen sprechen können, ohne ständig Angst vor der gefürchteten *Friendzone* zu haben. Dadurch bin ich in meinen Beziehungen zu Frauen viel lockerer geworden und gelassener darüber, ob sich die Dinge auf natürliche Weise zu einer Beziehung oder Freundschaft entwickeln. Ich bin jetzt mit beidem problemlos einverstanden.

## UMSCHULUNG MEINES GEHIRNS

Ich wollte mich eingehender mit den Auslösern befassen, die mich in gesellschaftlichen Situationen ängstlicher machten, und bin online auf einige Artikel gestoßen, in denen ein Zusammenhang zwischen Angstzuständen und dem Teil des Gehirns namens Amygdala erwähnt wurde.

---

**Was ist die Amygdala?**

Die Amygdala ist ein Teil des Gehirns, der unsere intrinsische Kampf-oder-Flucht-Reaktion auslöst. Sie leitet Warnsignale an den Rest des Körpers weiter, während sie potenziell gefährliche Situationen verarbeitet. Das kann Angst, Wut oder Aggression hervorrufen und dazu führen, dass unser Herz stehen bleibt oder stärker schlägt, wir einen trockenen Hals bekommen usw.

---

Ich fand es faszinierend herauszufinden, dass gesellschaftliche Schwierigkeiten mit einer geringeren Amygdala-Aktivität verbunden sein können, während Angstzustände bei autistischen Menschen das Resultat einer überaktiven

Amygdala sein können. Für die Angstzustände autistischer Menschen bedeutet dies, dass sie in viel mehr Situationen unnötige Warnsignale empfinden als neurotypische Menschen.

Das überzeugte mich, da ich eine Kampf-oder-Flucht-Reaktion hatte, wenn meine Pläne unterbrochen wurden, wenn ich Essgeräusche und das Tippen auf der Tastatur hörte oder wenn ich mit blinkenden Lichtern und lauter Musik in Clubs konfrontiert wurde.

Ich fing an, tiefer auf jeden meiner Angstauslöser einzugehen und möchte euch nun zeigen, was ich dabei herausgefunden habe.

**Unterbrochene Pläne**

Struktur hilft mir, meine Ziele anzustreben und meine Tages- und Wochen-Pläne zu verwirklichen. Zwar beziehe ich unerwartete Situationen in meinen Tagesplan ein, es ist jedoch unmöglich vorherzusagen, wann solche Situationen eintreten und wie viel Zeit sie in Anspruch nehmen. Also verspürte ich jedes Mal, wenn ich während einer geplanten Aktivität unterbrochen wurde, einen Kontrollverlust, der bei mir eine Wut auslöste, wobei ich die Zähne so zusammenbiss, dass sie knirschten oder auf den Schreibtisch schlug und laut ausrief. Die Aggression, die ich als Reaktion auf die Unterbrechung verspürte, war impulsiv; ich konnte nicht anders. Andererseits konnte ich mich manchmal auch nicht dazu durchringen, eine geplante Aufgabe zu erledigen, egal, wie sehr ich es versuchte. Meine Pläne wurden somit unterbrochen, da ich keine Lust auf eine Aufgabe hatte und sie daher nicht erledigen konnte. Dadurch fühlte ich mich völlig unzulänglich und das löste eine unkontrollierbare Panikreaktion aus. Mir wurde schlecht und ich bekam Schwierigkeiten mit der Atmung. Um euch Beispiele für solche Unterbrechungsszenarien zu nennen:

Meine Mutter kam gelegentlich in mein Büro, um technische Fragen unserer Kunden zu besprechen. Wenn ich beschäftigt war, konnte ich ihr einfach keine Antworten geben, egal, wie einfach die Frage war. Ich ärgerte mich auch über meine Mutter, weil ich mich unter Druck gesetzt fühlte, ihr auf der Stelle eine Antwort zu geben, was für mich unmöglich war. Meine Mutter war dann frustriert, weil sie nur schnell eine einfache Frage beantwortet haben wollte.

An den Wochenenden erledigt mein Vater viel Arbeit im Garten und andere handwerkliche Arbeiten rund ums Haus. Manchmal bat er mich um sofortige Hilfe, wenn es sich um eine Zwei-Mann-Arbeit handelte. Ich war nicht in der Lage, einfach fünf Minuten lang alles fallen zu lassen, um ihm zu helfen, da es nicht mit meinen Plänen übereinstimmte. Das frustrierte meinen Vater, der dachte, ich sei nicht hilfsbereit.

Die Folgewirkung beider Szenarien war, dass sich die Wut und Verärgerung, die ich bei der Unterbrechung verspürte, in tiefe Schuldgefühle verwandeln würden. Ich wusste dann nicht, was schlimmer war.

Unterbrechungen in meinen Plänen zerstören meine Struktur für den Tag und geben mir das Gefühl, völlig meinen Faden zu verlieren. Da das Leben ja voller Unterbrechungen ist, begann ich mir Sorgen um meine Zukunft zu machen.

### Ess- und Tastaturgeräusche

Erinnert ihr euch daran, dass ich in Kapitel 8 über Misophonie sprach? Ess- und Tippgeräusche lösen bei mir die gleiche unkontrollierbare Wut aus wie Unterbrechungen meines Zeitplans. Die Auslöser sind schlimmer, wenn ich mich elend oder unruhig fühle. Abgesehen von den Wutgefühlen, machen es mir die Geräusche schwer, gleichzeitig Gespräche zu verarbeiten. Es fällt mir dann sogar schwer, meine eigenen Gedanken zu verarbeiten. Meine

Amygdala reagiert übertrieben und übermittelt meinem Körper die Nachricht, dass ich mich in einer gefährlichen Situation befinde. Ich kann damit nur umgehen, indem ich mich sofort von der Situation abwende. Wie ihr euch vorstellen könnt, hat dies zu vielen peinlichen Situationen außerhalb der Familie bei Menschen geführt, die nichts von diesem Zustand wissen.

**Clubbing**

Ich fühle mich oft unwohl in Diskotheken, da ich dort gleichzeitig von lauter Musik, blinkenden Lichtern und Menschenmengen umgeben bin. Die laute Musik führt dazu, dass die Kommunikation non-verbal wird, da Menschen Gesten nutzen, um sich verständlich zu machen. Ich fühle mich dadurch hilflos und das löst oft eine Kampf-oder-Flucht-Reaktion bei mir aus. Durch die blinkenden Lichter fühle ich mich desorientiert, sodass ich nicht wahrnehmen kann, was um mich herum vorgeht. Dieser Kontrollverlust macht mir Angst und der Kontrast zwischen dem dunklen Raum und hellem Licht macht es noch schlimmer. Kombiniert mit den vielen Leuten, die auf engstem Raum zusammengepfercht sind, löst das bei mir eine Abwehrreaktion aus. Ich vermeide es so oft wie möglich in Clubs zu gehen, da sie sich für mich wie ein Schlachtfeld anfühlen.

## WIE ICH MEIN GEHIRN UMPROGRAMMIERT HABE

Während ich die Ursachen meiner erdrückenden Ängste recherchierte, kam ich zu der Überzeugung, dass alle drei Szenarien durch meine überaktive Amygdala verursacht wurden, die den Teil meines Gehirns beeinträchtigte, der rationales Denken reguliert. Das hat mir geholfen, da ich eine

Bezeichnung für meine Gefühle von Angst, Wut und Aggression gefunden hatte. Ich konnte jetzt nach möglichen Maßnahmen suchen, um meine Amygdala zu beruhigen und Lösungen zu finden, um mein Gehirn umzuprogrammieren.

**Meine Lösung für unterbrochene Pläne**

Es ist immer noch schwierig für mich, wenn meine Pläne unterbrochen werden. Ich mache Atemübungen und konzentriere mich auf positive Gedanken, um mich zu beruhigen. Ich bekomme somit wieder die Kontrolle über meinen Körper und meine Gedanken und kann mit der Unterbrechung umgehen. Ich kann, z. B., meiner Mutter antworten, meinem Vater helfen und die Motivation finden Aufgaben anzufangen, die ich eigentlich nicht machen möchte. Außerdem mache ich mir weniger Sorgen um meine Zukunft, da ich Techniken gefunden habe, um mein Verhalten in den Griff zu bekommen.

**Meine Lösung zur Bewältigung von Misophonie**

Bevor ich von meiner überaktiven Amygdala erfuhr, gab ich mich damit ab, meine Misophonie zu akzeptieren. Zu entdecken, dass ich durch Bewältigungsmechanismen hier doch eine gewisse Kontrolle ausüben konnte, war eine große Hilfe. Wenn ich beim Essen Hintergrundgeräusche wie Musik höre, oder Kopfhörer mit Geräuschunterdrückung trage, während ich beim Tippen ein YouTube-Video anschaue, werden die Geräusche, die meine Ängste auslösen, oft abgeschwächt.

**Meine Clubbing-Lösung**

Ich vermeide es generell, in Diskotheken zu gehen. In den seltenen Fällen, wenn ich es nicht vermeiden kann, ziehe ich mich regelmäßig in den Raucherbereich zurück (obwohl ich nicht rauche), wo ich mit Leuten reden und den Menschenmassen und blinkenden Lichtern entfliehen kann.

Die Person, die ich heute bin, weil ich die Kontrolle über mich habe, ist unvergleichbar mit der Person, die ich war, als Nan mir sagte, dass ich mir zu viele Sorgen mache. Positive Maßnahmen, um (fast) furchtlos zu werden, haben dafür gesorgt, dass meine Ängste für mich viel weniger problematisch sind. Ich habe neulich ein großartiges Zitat gelesen, das hier meiner Meinung nach hervorragend passt:

---

**„Nicht alles, was vor uns liegt, kann geändert werden, aber nichts kann geändert werden, bis wir uns damit auseinandersetzen."**

**James Baldwin (1962)** [1]

---

**Nützliche Tipps aus Kapitel 19**

- Setzt euch kleine Ziele, um eure Ängste schrittweise zu beseitigen.
- Versucht nicht, euch zu ändern. Akzeptiert euch immer so, wie ihr seid.

- Stellt euch euren Herausforderungen und findet Erklärungen für euer Verhalten, um Lösungen zu finden.

# KAPITEL 20
# INS LICHT

Die emotionale Berg-und-Talfahrt meines Lebens war oft unerträglich. Die vielen Missverständnisse in Gesprächen, beunruhigenden Übergänge, meine demütigende Berufserfahrung und tiefe Trauer waren für mich traumatische Erlebnisse. Aber die Triumphe und positiven Erfahrungen, die ich immer dann machte, wenn ich mich wieder aufrappelte, haben die Dinge ausgeglichen und die Überwindung meiner Hindernisse lohnend gemacht. Das ist ein fortlaufender Prozess. Ich muss noch viel lernen und überwinden, insbesondere im Hinblick auf Dating und Beziehungen. Ich habe bisher auch nicht jedes Ziel erreicht, wie zum Beispiel ein Vorbild für andere wie mich zu sein. Das Schreiben dieses Buches hat mir geholfen, meine Schwierigkeiten ins Licht zu rücken und zu erkennen, dass ich großartige Zukunft vor mir habe, wenn ich mich an das halte, was ich kann und weiß – Struktur und das Vertrauen in mich selbst (und die Formel 1 natürlich).

## EIN LETZTES WORT AN EUCH ALLE

Ich danke euch dafür, dass ihr meine Geschichte gelesen habt. Ich hoffe, dass dieses Buch einigen von euch dabei hilft, Autismus und Neurodiversität etwas besser zu verstehen und die negativen Wahrnehmungen, die ihr vielleicht gegenüber Andersdenkenden hattet, zu beseitigen. Wir haben wie alle anderen Erfolge und Probleme; der einzige Unterschied besteht darin, dass autistische und andere neurodivergente Menschen Dinge unterschiedlich verarbeiten und interpretieren und in bestimmten Situationen viel intensivere Gefühle und Emotionen haben. Hätten meine Eltern und ich an das Klischee des Autismus geglaubt und danach gehandelt, wäre es für mich undenkbar gewesen, meine Arbeitserfahrung bei einem Formel-1-Team zu sammeln, elf GCSEs mit den Noten A bis C und drei B-Noten in meinem Abitur zu erreichen und einen first-class Universitätsabschluss zu machen. Ich bin davon überzeugt, dass wir in einer Welt ohne Missverständnisse oder Unklarheiten zwischen neurotypischen und autistischen Menschen leben können. Wir müssen uns unserer Unterschiede bewusst sein, sie akzeptieren und uns aneinander anpassen, indem wir etwa Small Talk mit klarer und direkter Kommunikation ersetzen, um sinnvolle Beziehungen aufbauen zu können. Ich habe das Gefühl, dass wir hier bereits Fortschritte machen, da Autismus und Neurodiversität zunehmend in den Medien gezeigt und diskutiert werden. Wenn ihr das nächste Mal auf jemanden trefft, der euch seltsam oder dumm vorkommt, versucht doch mal, anders auf ihn zuzugehen, vielleicht indem ihr eine Frage umformuliert oder euch direkter ausdrückt.

## WAS HABE ICH VON ÜBERGÄNGEN GELERNT?

Jeder Übergang hat mir geholfen, meine Werte und Überzeugungen und meine Zielsetzung zu vertiefen, unabhängig von meinem derzeitigen mentalen Zustand oder Umfeld. Im Rückblick kann ich sehen, wie sehr ich mich im Laufe der Jahre verändert habe. Ich zögere nicht mehr Fragen zu stellen und habe keine Angst, Leute damit zu verärgern. In einer neuen Umgebung gehe ich auf die Leute zu und zeige ihnen gleichzeitig meine wahre Persönlichkeit.

## MEINE SCHLECHTE BERUFSERFAHRUNG ÜBERWINDEN

Wie ich in Kapitel 13 schon sagte, möchte ich meine schlechte Berufserfahrung völlig hinter mir lassen und nicht nachtragend sein. Ich muss hier die positiven Aspekte betrachten, die mir indirekt geholfen haben. Es motivierte mich, mein eigenes Unternehmen zu gründen. Die Veröffentlichung meiner Geschichte online und in der Presse hat andere inspiriert und das Bewusstsein dafür geschärft, wie man das Beste aus Andersdenkenden im Arbeitsleben herausholt.

Was meinen Vorgesetzten betrifft, wünsche ich ihm um seinetwillen, dass er aus seinen Fehlern gelernt hat. Und ich hoffe, dass die Erfahrung mit mir das Unternehmen nicht davon abgehalten hat, andere autistische Menschen einzustellen.

## EIN DANKESCHÖN AN MEINE FAMILIE

Ich möchte meinen deutschen Großeltern, Omi und Opi, dafür danken, dass sie zu meiner wundervollen Kindheit beigetragen haben. Auch wenn sie nicht ständig in meinem Leben waren, werde ich die Weihnachtsfeste in Norddeutschland und den Blick auf die wunderschöne Schlei nie vergessen. Ich hatte eine besondere Bindung zu Opi, der mich immer zum Lachen brachte. Wenn ich über all die verrückten Dinge, die er gemacht hat, nachdenke und rede, muss ich auch heute noch lachen.

Die Seelen von Nan und Pop werden in mir weiterleben. Ihre Aschen liegen nebeneinander auf einem Hügel in den Yorkshire Dales. Die Sonne wird auf sie scheinen, an dem Ort, den sie am meisten liebten.

Ich bin meiner Mutter und meinem Vater dankbar, dass sie mir die Unterstützung gegeben haben, um das Fundament all meiner Erfolge zu setzen. Und, dass sie mir die Welt mit vielen diversen, fantastischen Urlaubsorten, wie Norwegen und Las Vegas, gezeigt haben. Ich habe dadurch gelernt, das Leben und unseren Planeten zu schätzen zu wissen, und nichts als selbstverständlich zu betrachten. Meine Schwester ist wie ein Fels in der Brandung für mich, sie gibt mir immer ihre Zuneigung und (manchmal brutal) ehrliche Unterstützung, wenn ich ihren Rat über Ereignisse in meinem Leben brauche. Ich wüsste nicht, wie ich ohne sie klarkommen würde, und ich danke ihr von ganzem Herzen.

## UND ZUM SCHLUSS AUCH NOCH EIN DANKESCHÖN AN MEINEN AUTISMUS

Das klingt vielleicht etwas seltsam, aber ohne die Dunkelheit meiner inneren Konflikte und den Kampf, meinen Autismus zu akzeptieren, wäre das Licht meiner Erfolge nicht so hell gewesen. Mir ist jetzt klar, dass mein Autismus mein Leben viel herausfordernder, aber auch außergewöhnlicher gemacht hat. Ich werde mich immer auf einer Berg-und-Talfahrt der Gefühle befinden, aber ich weiß, dass beängstigenden Tiefen lohnende Höhen folgen. Solange ich meinen Autismus und mich selbst weiterhin akzeptiere, werde ich ein glückliches Leben führen können.

Ich möchte euch bitten, euch auch den positiven Aspekten des Autismus zuzuwenden.

# GLOSSAR DER IM BUCH VERWENDETEN TERMINOLOGIE

## A

**A-Levels**: Abschlüsse auf höherem Niveau (sog. A-Levels) sind fachbezogene Qualifikationen, die zu einer Universität, einem weiteren Studium, einer Ausbildung oder einer Arbeit führen können. Drei oder mehr A-Levels werden über einen Zeitraum von zwei Jahren studiert und durch eine Reihe von Prüfungen bewertet. Sie stellen eine fortgeschrittene Bildungsstufe zur GCSEs-Qualifikation dar und sind dem deutschen Abitur ähnlich.

**Amygdala**: Ein Teil des Gehirns, der unsere intrinsische Kampf-oder-Fluchtreaktion auslöst. Er leitet Warnsignale an den Rest des Körpers weiter, während er potenziell gefährliche Situationen verarbeitet. Er kann Angst, Wut oder Aggression hervorrufen und dazu führen, dass das Herz stehen bleibt oder stärker pumpt, einen trockenen Hals erzeugen usw.

**Asperger-Syndrom**: ein anderer Begriff für hochfunktionalen Autismus. Obwohl der Begriff offiziell nicht mehr verwendet wird, erfreut er sich in autistischen Kreisen immer noch großer Beliebtheit.

## B

**Besondere pädagogische Bedürfnisse:** Menschen mit Autismus, Zerebralparese, Down-Syndrom, Legasthenie, Dyskalkulie, Blindheit, Taubheit, ADHS usw. haben Anspruch auf zusätzliche Unterstützung im Bildungs- oder Gesundheitsbereich.

## C

**Coworking-Space:** Große Büroräume, die sich von kleinen Firmen und Freiberuflern geteilt werden, um Kosten zu sparen und um voneinander zu profitieren.

## E

**Einfühlungsvermögen:** die Fähigkeit, das Verhalten und die Emotionen einer anderen Person zu verstehen.

## F

**Facepalm:** Die Handfläche vor das Gesicht halten als Ausdruck der Fassungslosigkeit

## G

**GCSEs:** (ähnlich der deutschen Mittleren Reife) General Certificate of Secondary Education im Vereinigten Königreich (außer Schottland). Eine Qualifikation in einem bestimmten Fach, die normalerweise von Schülern im Alter von 14 bis 16 Jahren erworben wird. GCSEs werden von Schulen, Hochschulen und Arbeitgebern sehr geschätzt. Der Erwerb dieser Qualifikation erfordert hauptsächlich das Studium der Theorie eines Fachs sowie einige recherchierende und manchmal praktische Arbeiten über einen Zeitraum von zwei Jahren mit Abschlussprüfungen im zweiten Jahr.

## H

**Hypersensibilität (Überempfindlichkeit):** Dies bedeutet, dass eine autistische Person empfindlicher auf die Gefühle anderer Menschen sowie auf die Geräusche, Gerüche, Texturen und Geschmäcker einer bestimmten Umgebung reagiert. In vielen Fällen fällt es ihnen schwer, ihre Umgebung auszublenden, und sie fühlen sich überfordert.

**Hyposensibilität (Gegenteil zur Überempfindlichkeit):** Dies bedeutet, dass eine autistische Person weniger empfindlich auf die Gefühle anderer Menschen sowie auf Geräusche, Gerüche, Texturen und Geschmäcker in einer bestimmten Umgebung reagiert. In vielen Fällen können sie ihre Umgebung leichter ausblenden.

**I**

**Inklusion:** die Praxis, Menschen, die normalerweise ausgeschlossen oder marginalisiert würden, gleichen Zugang zu gewähren.

**K**

**Kampf-oder-Flucht-Reaktion:** ein instinktiver physiologischer Reaktionsmechanismus im Gehirn auf eine bedrohliche Situation, bei dem man sich darauf vorbereitet, entweder mit Gewalt Widerstand zu leisten oder wegzulaufen.

**Kommunikationsstörung:** eine Störung, die die Fähigkeit einer Person beeinträchtigt, Sprache oder das Gesprochene zu verstehen oder anzuwenden, um sich an einem Gespräch zu beteiligen. Kommunikationsstörungen werden in drei Kategorien eingeteilt: Sprachstörungen, Hörstörungen und zentrale Hörverarbeitungsstörungen.

**Körperdysmorphie:** eine psychische Erkrankung, bei der eine Person viel Zeit damit verbringt, sich über Fehler in ihrem Aussehen Sorgen zu machen. Diese Fehler sind für andere oft unbemerkbar.

**KPIs:** Key Performance Indikatoren – Ziele, die helfen, den Fortschritt im Vergleich zu strategisch wichtigen Zielen zu messen.

## L

**Lernunterstützungsassistent:** ein Mitglied des Lehrpersonals, das neben einem Schüler sitzt und zusätzliche Unterstützung gibt, um die im Unterricht vermittelten Materialien aufzunehmen.

**LinkedIn**: LinkedIn ist ein berufliches Online-Netzwerk, in dem man den richtigen Job finden oder berufliche Beziehungen knüpfen und stärken sowie die Fähigkeiten erlernen kann, die man für den Erfolg in seiner Karriere benötigt.

## M

**Maskierung:** Die Praxis, ein authentisches Selbst zu verbergen, um eine größere soziale Akzeptanz zu erreichen.

**Meltdown:** ein Zustand erhöhter Angst und Verzweiflung, der häufig als Wutanfall oder Panikattacke wahrgenommen wird. Eine autistische Person, die in diesen Zustand gerät, fühlt sich sehr überfordert und kann ihre Emotionen für eine gewisse Zeit nicht mehr kontrollieren. Es gibt keine feste Dauer und die Intensität variiert von Person zu Person.

**Misophonie:** Ein Zustand, bei dem Menschen starke Wut und Abneigung verspüren, wenn sie mit bestimmten Geräuschen konfrontiert werden, einschließlich Geräuschen anderer Menschen. Insbesondere Geräusche wie Kauen, Schmatzen oder Atmen können starke Wut und manchmal sogar körperliche Schmerzen hervorrufen.

## N

**Neurodivergent:** Eine Person, deren Gehirn sich anders entwickelt oder funktioniert und die die Welt daher anders sieht.

**Neurodiversität:** ist ein Ausdruck dafür, dass das Gehirn von Menschen einzigartig ist. Während sich das Gehirn im physischen Sinne ähnlich entwickelt, ist seine Funktion bei jedem anders.

**Neurotypisch**: Eine Person, die auf eine Weise denkt und sich verhält, die von der Allgemeinbevölkerung als die Norm angesehen wird.

**P**

**Planking** (Fitnessstudio): Eine Körpergewichtsübung, bei der der Rumpfteil des Körpers in einer geraden Linie mit einer Unterarmstütze über dem Boden gehalten wird.

**R**

**Redewendung:** eine Phrase, die eine bildliche oder nicht wörtliche Bedeutung hat.

**S**

**Shutdown:** ein Zustand erhöhter Angst und Verzweiflung, in dem sich eine autistische Person teilweise oder vollständig von der Welt um sie herum zurückzieht und reaktionslos wird.

**Sixth Form:** die letzten zwei Jahre der Sekundarschulbildung in England für Schüler im Alter von 16 bis 18 Jahren.

**Sonderpädagogische Bedürfnisse**: Bedürfnisse und Behinderungen, die die Lernfähigkeit, das Verhalten oder die Fähigkeit eines Kindes oder Jugendlichen, soziale Kontakte zu knüpfen, beeinträchtigen können, wie Schwierigkeiten, Freunde zu finden, zu lesen und zu schreiben.

**Spezialisierter Lernmentor:** Ein Mentor, der mit Kindern und Erwachsenen zusammenarbeitet, um ihre Fähigkeiten zu entwickeln und ihr Potenzial auszuschöpfen.

**Spotting** (Fitnessstudio): Beim Kraft- oder Widerstandstraining handelt es sich um das Unterstützen einer anderen Person während einer bestimmten Übung, wobei der Schwerpunkt darauf liegt, dem Teilnehmer zu ermöglichen, mehr zu heben oder zu schieben, als er normalerweise sicher tun könnte.

**Stimming oder selbst stimulierendes Verhalten:** sich wiederholende oder ungewöhnliche Körperbewegungen oder Geräusche. Stimming kann Hand- und Fingerbewegungen umfassen, so wie Fingerschnalzen und Händeschütteln.

## T

**Transition**: der Prozess oder eine Periode des Übergangs von einem Zustand in einen anderen.

**TÜV (MOT):** eine jährliche Prüfung, die im Vereinigten Königreich für Fahrzeuge erforderlich ist, die drei Jahre oder älter sind, um deren Sicherheit, Verkehrstauglichkeit und Abgasemissionen zu überprüfen.

## U

**Überblickkapazität:** bezieht sich darauf, wie alle Teile des Gehirns einer Person zusammenkommen, um alles in einer bestimmten Umgebung zu verarbeiten. Ein Mensch mit starker Überblickkapazität kann alles, was vor ihm liegt, sofort verarbeiten. Eine Person mit schwacher Überblickkapazität hat jedoch Schwierigkeiten und konzentriert sich stattdessen auf jeden Punkt einzeln. Autistische Menschen neigen dazu, eine schwache Überblickkapazität zu haben.

## Z

**Zeitangst:** das Gefühl der Angst oder Bedrängnis einer Person aufgrund der vergehenden Zeit. Es kann aus Termindruck oder der Angst, nicht genug Zeit zu haben, um etwas zu erledigen, entstehen.

## **DANKSAGUNG**

Das Schreiben dieses Buches war eine wertvolle Erfahrung, da ich dadurch so viel Positives über mich selbst und meinen Autismus herausfinden konnte.

Ohne die Menschen, die mich bedingungslos lieben – meine Mutter Caren, mein Vater Jeremy und meine Schwester Meghan – wäre ich nicht in der Lage gewesen, das Buch zu schreiben oder die Person zu werden, die ich heute bin. Vielen Dank, dass ihr bei allem, was ich tue, immer für mich da seid und für euer Feedback, um dieses Buch in das richtige Format zu bringen. Vielen Dank an meine Mutter, die mein Buch bearbeitet und formatiert und mich bei den praktischen Aspekten der Selbstveröffentlichung unterstützt hat. Du bist ein Genie.

Ich möchte auch den in diesem Buch erwähnten Menschen danken, die mein Leben bereichert und so viel weniger verwirrend gemacht haben:

Meine unterstützenden Lehrer, Rob Potts und Dave Needham, sowie meine Leiterin der Sixth Form und die hervorragenden LSU-Mitarbeiter der Fulneck School, insbesondere Kathryn Dunn. Ihr alle habt euch so viel Mühe gegeben, mich zu unterstützen. Danke schön.

Rob, du warst der fürsorglichste Lehrer, den ich je getroffen habe.

Du warst die erste Person (abgesehen von meiner Familie), die an mich glaubte, was eine große Rolle bei der Entwicklung meines frühen Selbstvertrauens spielte. Vielen Dank auch für das fantastische Vorwort zu diesem Buch. Deine Worte rühren mich.

Martin Cummings und John Trigell (damals) vom Lotus Formel-1 Team (jetzt Alpine), ihr habt einen meiner größten Träume wahr werden lassen. Ich kann euch nicht genug danken.

Chris und Helen Hudson von Hub MDP, vielen Dank, dass ihr mir die Arbeitserfahrungswoche im 10. Jahr ermöglicht habt, die mich dazu inspiriert hat, kreative Medientechnologie zu studieren.

Adele Beeson, meine SLM an der Leeds Beckett University, dein Wissen und deine Geduld waren unglaublich. Du warst eine große Unterstützung für mich. Danke schön.

Roy Moody und alle unterstützenden Mitarbeiter bei Blue Digital, vielen Dank. Ihr habt mit eurer freundlichen Unterstützung während meines Praktikumsjahres einen echten Unterschied in meinem Leben gemacht haben.

Caroline Turner von Creased Puddle, du bist eine wahre Freundin und eine tolle Neurodiversitätstrainerin – vielen Dank für all deine Unterstützung und dafür, dass du mich in einige deiner fantastischen Trainingseinheiten einbezogen hast.

Vielen Dank an Claire Strachan für deine freiwillige Arbeit an unserer PR und an Ismail Mulla für die Unterstützung bei mehreren Beiträgen in der Yorkshire Evening Post in den frühen Tagen der KreativeInc Agency. Eure Hilfe, Leidenschaft und Unterstützung für unser Anliegen waren für uns von unschätzbarem Wert.

Ein großes Dankeschön an Shahnaz DeGroot und Frank Schwalba-Hoth in Brüssel, die ihre Zeit für die Organisation der europäischen Buchvorstellung für mich aufgewendet und mich so selbstlos unterstützt haben. Ich bin euch beiden so dankbar.

Vielen Dank an den Rest meiner Familie hier in Großbritannien, Deutschland, Australien und den USA, dass ihr mich so akzeptiert, wie ich bin.

In all den Jahren, in denen ich verschiedene Menschen kennengelernt habe, ist mein bester Kumpel seit meiner Kindheit, Sam, immer an meiner Seite geblieben, egal, was vorgefallen ist. Dafür bin ich ihm dankbar.

Vielen Dank an unsere Freundin Amanda Murphy in Neuseeland, die sofort beim Lesen meines Manuskripts „süchtig" wurde. Dein Feedback war so ermutigend. Ich finde die Arbeit, die du in Neuseeland zur Bildung über Demenz leistest, einfach toll.

Ich habe das Glück, so viele fantastische Menschen um mich herum zu haben. Ihr inspiriert und motiviert mich, mein Bestes zu geben.

Danke schön,
    Callum

## ÜBER DEN AUTOR

Callum L Gamble ist ein mehrfach ausgezeichneter autistischer britischer Unternehmer und Autor.

Er ist ein engagierter Vertreter von Autismus und mentaler Gesundheit und Mitbegründer der führenden autistischen Beratungsagentur für Webzugänglichkeit in Großbritannien, KreativeInc Agency. Zu seinen Erfahrungen zählen die Durchführung von Arbeitgeber-Workshops und die regelmäßige Teilnahme an Autismus-Schulungen für die britische National Crime Agency.

Als lebenslanger Formel-1-Rennsport-Nerd ist seine Showeinlage jeden einzelnen Formel-1-Rennmeister seit den 1950er-Jahren aufzählen zu können.

www.callumgamble.com

# WEITERE INFORMATIONEN UND FOTOS ZUM BUCH

Weitere Infos und Fotos zum Buch findet ihr auf Callums Website:

www.callumgamble.com

Folgt Callum auf seinen Social Media und anderen online Plattformen:

- Facebook: www.facebook.com/CallumLGamble
- X/Twitter: www.x.com/CallumGamblePro
- Instagram: www.instagram.com/callum_gamble_official
- Goodreads: www.goodreads.com/callumlgamble
- LinkedIn: www.linkedin.com/in/callumgamble

# ANMERKUNGEN

## EPIGRAF

1. Epigraf:
   Quote Investigator. (2013) Everybody is a Genius. But If You Judge a Fish by Its Ability to climb a Tree, It Will Live Its Whole Life Believing that It is Stupid. Verfügbar unter: https://quoteinvestigator.com/2013/04/06/fish-climb/ (Zugriff: 24. Februar 2023).
   Kapitel 1:

## 1. WIE AUTISMUS MEIN LEBEN BEEINFLUSST HAT

1. Shore, S. (2018) „Leading Perspectives on Disability: a Q&A with Dr. Stephen Shore". Interview mit Phaedra und Galym, Leading Perspectives on Disability, 22. März.
2. Weltgesundheitsorganisation. (2022) Autismus. Verfügbar unter: https://www.who.int/news-room/fact-sheets/detail/autism-spectrum-disorders (Zugriff: 15. Juli 2022).
3. Woodcock, Z. (2021) Alle Promis, die sich mutig darüber geäußert haben, dass bei ihnen als Erwachsene Autismus diagnostiziert wurde. Verfügbar unter: https://www.mirror.co.uk/3am/celebrity-news/celebs-who-bravely-opened-up-25475735 (Zugriff: 15. Juli 2022).

## 2. MEINE DIAGNOSE UND DIE UNTERSTÜTZUNG, DIE ICH BEKAM

1. Autism.org. (n.d.) Autistische Frauen und Mädchen. Verfügbar unter: https://www.autism.org.uk/advice-and-guidance/what-is-autism/autistic-women-and-girls (Zugriff: 16. Juli 2022).

## 4. FACHINTERESSEN UND GESPRÄCHE

1. Kapitel 4:
   Raising Children Network (2022) Stimming: autistische Kinder und Jugendliche. Verfügbar unter: https://raisingchildren.net.au/autism/behaviour/common-concerns/stimming-asd (Zugriff: 18. Juli 2022).

## 8. MEINEN AUTISMUS AKZEPTIEREN

1. Kapitel 8:
   Schröder, A., van Wingen, G., Eijsker, N. et al. Misophonie geht mit einer veränderten Gehirnaktivität einer
   auditorischer Kortex und Salienznetzwerk. Sci Rep 9, 7542 (2019). https://doi.org/10.1038/s41598-019-44084-8
2. NHS (2020) NHS. Verfügbar unter: https://www.nhs.uk/mental-health/conditions/body-dysmorphia (Zugriff: 22. Juli 2022).
   Kapitel 11:

## 11. DIE HERAUSFORDERUNGEN VON VERÄNDERUNGEN

1. Cambridge Dictionary. (n.d.) Cambridge Dictionary: Transition. Available at: https://dictionary.cambridge.org/dictionary/english/transition (Accessed: 25th July 2022).
   Kapitel 19:

## 19. SELBSTENTWICKLUNG

1. Goodreads (n.d.) Goodreads. Available at: https://www.goodreads.com/quotes/14374-not-everything-that-is-faced-can-be-changed-but-nothing (Accessed: 2nd August 2022).

www.ingramcontent.com/pod-product-compliance
Lightning Source LLC
Chambersburg PA
CBHW071340080526
44587CB00017B/2899